こんなふうに
とらえると
楽になる
9つの方法論

宇宙が味方の見《み》方《かた》道《どう》

小林正観
Seikan Kobayashi

清談社
Publico

宇宙が味方の見《み》方《かた》道《どう》

こんなふうにとらえると
楽になる９つの方法論

小林正観

はじめに

「見方道《みかたどう》」家元のご挨拶

何を隠そう、私が「見方道」家元の小林正観《こばやしせいかん》です。

日本人は、いろいろな芸ごとを「道」の域にまで高める名人ではないか、と思ってきました。

お花の生け方は「華道」になり、お茶の入れ方は「茶道」になりました。剣術や柔術も「剣道」「柔道」に高まり、空手なども精神性の高さや哲学に裏うちされて「空手道」と呼ばれるようになったのです。「弓道」なども同じことが言えます。

単なる技術や方法の域にとどまらず、さらに、それをベースにして「生き方」「生きざま」にまで高めるのが「道」という考え方。

日本人は特に「道」が好きな民族であるらしく、本来は「用具」でしかないものもすべて「道具」と呼んできました。

「道」を極めるのに必要な「用具」が「道具」だったのです。

「道」は、どれをとっても奥の深いものです。

5年10年どころではなく、50年60年とその「道」を歩んでいる人がいます。「道」は一生涯をかけても追いかけるに値するものであるのでしょう。

私が提唱する「見方道」は、芸ごとでもなく、武道でもありません。

ただ、一生涯をかけて追求するに値するものとして、「見方道」という呼び名を使わせていただきました。

「ものごとの見方」は、一生涯をかけて学ぶ価値のあるものだと思います。

ある宿の経営者が「夕食後の後片づけをしたいのに、お客さんがなかなか席を立ってくれない」との相談をくれました。

私はこんなことを言いました。

「宿の印象が悪いときは、お客さんは食堂から無言ですぐに出ていく。印象がよいときは食べ終わってもグズグズして、なかなか食卓から離れない」

その話を聞いてからは、その宿の方は夕食後の客がグズグズしているのを見て、大変に「幸せ」を感じるようになったとのこと。

現象は何も変わっていません。「見方」や「とらえ方」が変わっただけなのですが、その結果、「イライラ」し、「不快に思っていた」ことが、逆に、喜びになったり幸せになったりしたのです。

「否定的」なとり方も「肯定的」なとらえ方も、「感謝の心」で受けとめるのも、すべて自由です。

もともと「自由」とは「自《みずか》ら」に「由《よ》る」というのが語源。

「自分で決める」というのが「自由」ということの意味でした。

ものごとを「否定的にとらえる」訓練というのを、私たちはやらされてきました。

「まだ足りない」「もっと」という思想です。

しかし、「肯定的にとらえる」のもまた自由です。そしてまた、「感謝の心」でとらえるのも自由です。

「否定的な見方」も「肯定的な見方」も「感謝の見方」も、いずれも自由な自分の見方、とらえ方。どのようにでもとらえてよいのです。どれを選ぶのも「趣味」の問題です。

「否定的にとらえる」のが好きな人であるなら、そうとらえるのが楽しいなら、その「趣味」でいいと思います。

が、否定的にとらえるとつらいのなら、自分の問題として「肯定的にとらえる」訓練をしてみることをお勧めします。

「プラス思考」「マイナス思考」との言葉もありますが、「マイナスのことをプラスに考えよう」という意味で使う場合は、「見方道」家元としての私は賛成できません。

「マイナスのこと」というのはないからです。

すべてはゼロ、中立、ニュートラル。その状態をお釈迦《しゃか》さまは「空《くう》」と言ったのではなかったのか。

「マイナスのこと」が存在するのを「プラスにとらえ直せ」と言うのではありません。「見方道」の提唱者として言いたいのは、「マイナス現象というのは存在しない。すべてはゼロ」ということです。もともとゼロのことを見直すだけですから、「プラス」や「感謝」にとらえるのもやりやすい。

一般的に言う「マイナス」の代表者として病気と事故がありますが、病気をした人は必ず「より優しく」なり、事故に遭った人は「より謙虚に」なります。人格上の大きな転換点、それも「人格を高める」という意味での転換点というわけです。すべてがゼロ、それをどうとらえるかは趣味の問題。

私自身の〝趣味〟としては、「嬉《うれ》しい」「楽しい」「幸せ」ととらえるだけでなく、さらに「感謝の心」でとらえることが心地よいことに気づいてしまったため、今は「感謝のとらえ方」が多くなっています。

こんなふうにとらえると楽になりますよ、という観点から、この本が編集されました。編集を担当してくださった皆さんに、心より御礼申し上げます。

2003年7月

小林正観

宇宙が味方の見方道

こんなふうにとらえると楽になる9つの方法論

もくじ

第3章
縁起の法則と幸・不幸のしくみ
〝ありがとうの奇跡〟で楽しい人生

第4章

頼まれごとの人生

目標設定しない、もうひとつ別の生き方

第5章 豊かさとお金

与えたものが受け取るもの

第6章

結婚生活と恋愛

価値観の違いを超えて

第7章

比べ合わない教育

ひたすら肯定すると輝き出す

第8章 経営の宇宙法則
絶対につぶれない会社になるには

第9章 あなたが、すべてを決めている
〈過去寄せて〉人生を楽しむ

第1章

幸せを感じる「見方道」

見方を変えれば、すべてが味方になる

ありとあらゆる悩み、苦しみから瞬時にして
解き放たれる、ものの見方があります
〈現象は、本質的にニュートラル〉を理解することです

私は、本業は旅行作家として、原稿を書く仕事をしていますが、年間およそ３００回の講演を頼まれますので、週の休みがありません。月の休みがありません。年の休みもありません。

お酒、タバコ、パチンコ、マージャン、ゴルフ、テニス……一切やりません。来る日も来る日も講演を頼まれては、ただひたすらその会場に行き、終わったらホテルで朝まで原稿を書いている日々です。

周りの人から「何が楽しくて何が幸せで小林さん生きてるんですか」ってずいぶん聞かれます。そういう生活をしていますが、それでも今、**小林正観は、悩み、苦しみ、苦悩、煩悩がゼロです。嬉しくて、楽しくて、幸せでありがとう、という状態で生きていますが、その〈幸せ感〉を数字で表すとしたら１００％を超えています。**

「幸せ」１００％で終わりかと思ったら、そうじゃなくて、人間ってもっと幸せを感じるんですね。幸せ感は、「もうこれでよし」っていうレベルはなくて、それがずーっと積み重なっていくようです。

「そうなるためには、何か難行、苦行をしてるんですか？」って。いいえ、難行、苦行要りません。修行も要りません。その方法論というのは、これなんです。

◎意味づけしないのが〝空〟

お釈迦さまが残してくれた一言。「色即是空《しきそくぜくう》」。

ここにコップの水が半分入っていますが、「半分しかない」と思ったら、〈不平不満、愚痴、泣き言、悪口、文句〉になります。

でも「半分も残っていて、嬉しい、楽しい、幸せ」と思ったら、同じ現象も喜びになりますね。さらに、3つ目の受けとめ方として「何者かが半分残していてくださって、ありがとう」って思う方法もあるんです。

どれも現象は同じです。「でも半分しかないじゃないか、不愉快だ、つまらない」って思いたい人は、それは趣味の世界ですから、そう思ってもいい。

〈そうじゃない、そうじゃない〉って思う心〝非《あら》ず、非ず〟と否定する〝心〟、これが〝悲しい〟という文字になっています。

悲劇というのは、すべて否定する心から始まるんです。だけど、その現象が、つらくて大変で、楽しくないものであっても、私は、そうじゃないとらえ方をお教えすることはできます。

私は「否定してはいけないとか、否定をすべきじゃない」って言ってるんではなくて、「半分しかないという否定的な事実は、宇宙のどこにもない」ということを言いたいんですね。

宇宙に存在している現象というのは「コップに水が半分しかない」のではなくて「150cc入るコップに半分の75ccが入っています」っていうとらえ方、これが〝空《くう》〟という状態だと思うんです。**なんの意味づけもされていない、ニュートラル（中立）で冷徹なる現象があるだけ**、というのをお釈迦さまは〝空〟と言ったらしい。

◎お釈迦さまが伝えたかったこと

お釈迦さまは、6956巻、本でいうと6956冊の言葉を残しました。これを玄奘《げんじょう》三蔵《さんぞう》が漢訳したら9600万文字という膨大なものになるのですが、6956巻のお釈迦さまの教えというのは、全部〝如是我聞《にょぜがもん》〟という言葉から始まります。

〝如是我聞〟というのは、「かくのごとく我聞けり」ということですね。「お釈迦さまがこういうふうに言われました」という書き出しで始まります。

ですから、お釈迦さまというのは、実は、自分で本は一冊も書いていません。キリストも自分で本は一冊も書いていません。どうしてでしょう。

お釈迦さまは仏教徒ではなかったし、キリストはクリスチャンではありませんでした。伝道者や宗教者というよりも、2人とも〝実践者〟だったんです。その実践的な生き方に共鳴した人たちが弟子を名乗っただけであって、もともとお釈迦さまもキリストも人に教えを説くために生きていたのではないんです。今、目の前にいる悩み苦しんでいる人を救うことだけに生きよう、と固く決意してる人であった。

お釈迦さまは、その点は徹底していたようで「宇宙はどうなってるんですか」とか「私の前世はどうで、私の来世はどうなるんですか」といった質問については一切答えなかったそうです。

でも、その人自身が悩み苦しんでいることについては、逃げることなく、面倒くさがることなく、本当に親身になって懇切、丁寧に答えたそうです。

お釈迦さまは、自分自身にも、自分の教えにも神性を要求しませんでした。むしろそんなものは残さなくてもいいと言った。**ありとあらゆることに対して、執着というものが一切なかったんです。**その執着がない状態を〝解脱《げだつ》〟と言いますが、解脱しているお釈迦さまが、ただひとつだけ後世の人に伝えたいと思っていたものがあったらしい。

この言葉だけは残してほしい。それが〝般若心経《はんにゃしんぎょう》〟だったように思います。

どうして、般若心経だけは別格なんでしょう。多分、般若心経の中には〝色即是空〟という言葉があるからなんです。

〈色《しき》は即《すなわ》ち是《こ》れ空《くう》なり〉

今までの解説では「〝空〟というのは〝無〟ということである。〝空〟は〝無い〟ということだ」と説明されていたものが多かったと思います。例えば、ものが壊れたときに、もともとなかったと思えば楽ですよね。それが〝空＝無〟である、というふうに解釈してきたわけですが、反対語を考えてみるとよくわかります。〝無〟の反対語は〝有〟です。有《う》無《む》。有ると無いですね。

般若心経の中には〝空〟と〝無〟の両方の文字が出てきます。ということは、その2つは、意味が違うということになりませんか。お釈迦さまは、同じ意味では使っていなかったのではないでしょうか。もし、イコールであるならば、同じ言葉を使うはずですから〝空〟と〝無〟が同時に般若心経の中に存在するということは、ないと思うんです。

では、〝空〟に対する反対語というのは、一体なんでしょう。それは〝色《しき》〟。〝色〟とは、自分が勝手に色《いろ》をつけること。

コップの水が半分しかない、と思うのも〝色〟。

半分もあって嬉しい、と思うのも〝色〟。

何者かが半分残していてくださってありがとう、と思うのも〝色〟。

でも、本質は全部〝空〟なんだ。〝空〟とは、何も無いことではなくて、存在するのだけれども、その存在自体に色がついてないということです。

「150cc入るべきコップの中に75ccが入っています」という見方が〝空〟です。現象として存在するけれども、その現象は宇宙的にはニュートラルでなんの意味づけもされていない、その人にとってどういう意味があるかだけなんです。

〝色〟は、すなわちこれすべて実態は〝空〟なり。

お釈迦さまは、宇宙の構造論として、どうしてもこの言葉だけは後世の人に伝えたかったんだと思います。この言葉が本当に理解できた人は、その瞬間にありとあらゆる悩みから完全に解き放たれるからなんです。お釈迦さまはこの言葉に触れる人々をすべて救済したかったんだと思います。

この般若心経を含めて、お釈迦さまの教えというのは、死んでから700年後に、

6956巻の〝論〟〝律〟〝経〟として編纂《へんさん》されました。これを三部経《さんぶきょう》と言いますが、これを全部修めた人を三蔵法師《さんぞうほうし》と言います。

般若心経と玄奘三蔵

玄奘三蔵という人は、本名が玄奘で、その後に〝論、律、経〟の3つを修めた人なので三蔵法師と言います。で、三蔵法師と呼ばれるようになる前、27歳のとき、お経を手に入れるために1万5000kmかけて長安《ちょうあん》の都を出ようとしていました。

その出発時、長安の郊外に差しかかったとき、ボロ布をまとった老婆がうずくまっていた。その老婆が、いきなりムクムクと動き出して玄奘にこう言った。

「お坊さま、私の体の膿《うみ》を吸い取ってくださらんか」

「どういうことですか」と玄奘が聞くと、こういう状況だったのです。当時、長安の都では、そういう病が大変流行《はや》っていたのですが、その体の膿を家族の者が吸い取ることによって治ると信じられていました。

その老婆も家族に対して吸い取ってくれるように頼んだら、「とんでもない」と言われ、町はずれまで連れてこられて、打ち捨てられてしまった。「このまま私は死を待つだけであるけれども、お坊さまをお見かけして、私はあなたに吸い取っていただけたら治るような気がしたので、家族ではないけれども、吸い取ってもらいたい」と老婆は玄奘にお願いをしたんです。

これから天竺《てんじく》（インド）まで行って、ありがたいお経をもらって帰ってくるという決意をしていた玄奘は少し考えました。

口で膿を吸い出すということは、もしかすると感染するかもしれない。そうなったら自分も接触感染で死ぬかもしれない。でも玄奘は「わかりました」と言って、その老婆の腕に口をつけるんです。で、つけた瞬間にその老婆がいきなりボッと音を立てたかと思うと10mぐらいの光の塊になって、その中に大きな観音《かんのん》さまが現れました。

その観音さまが玄奘を見下ろして、こう言った。

「玄奘よ。そなたの決意はわかった。これから天竺までの旅では、どんな艱難辛苦《かんなんしんく》が待っているかわからない。何百回と死にかける。もし、死にかけてこれ以上命が持たないかもしれないと思ったときには、この般若心経を唱えなさい。この般若心経が聞こえてきたら、神仏界はこぞって集まって、そなたの安全を確保する。どんなことをしても、そなたを守り通して見せる」とその観音さまは言った。そのときに玄奘は般若心経というものを教わったんです。

で、1万5000㎞を15年半かけて、ものすごく長い旅の末、玄奘は天竺までたどり着くんですけど、途中何百回と死にかかり、病気になったこともある。山賊に襲われたこともあった。

そういうふうに命に関わるようなことが何百回とあったときに、玄奘は本当に一心不乱に般若心経を唱えたらしい。そのたびに奇跡的に助けられて、実際の話として1万5000㎞離れた天竺に行って帰ってきているんですね。だから、これは想像上の話ではなくて、本当に神仏が彼を守り切ったということなんです。

「般若心経を一心不乱に唱えるがよい」と最初に観音さまは教えたんですけど、なぜ観音さまは玄奘に対して、般若心経を唱えるように言ったのでしょう。

どうしてもお釈迦さまのこの教えだけは、後世の人々に伝えたかったからではないでしょうか。

◎意味は、自分で決めている

一人ひとりが「〝色〟だ〝色〟だ」と言って色づけして呼んでいる現象の本質は、全部100％例外なく〝空〟であるという〝色即是空〟の意味がわかった瞬間に、悩み、苦しみ、煩悩から私たちは救われます。

だって、本質的に悲しいこと、つらいこと、悲劇、不幸というものは、宇宙にはどこにも存在しないんですから。喜びも、悲しみも、楽しいことも、つらいことも、すべての現象はもともと、そうした意味がついているのではなく〝空〟であって、全部「私」が、その意味を決めている。私が決めた瞬間に、「幸」も「不幸」も現れるんです。

こういうお話をしましょう。

「ホテルみかわ」というホテルがありまして、新潟県三条《さんじょう》市で9年間にも及ぶ監禁事件が発覚し、被害者が救出されたときに、新潟県警の本部長がマージャンをしていたホテルです。事件はずいぶん話題になりましたが、そこのホテルの方が私の講演会にお見えになって、いろいろと相談されました。

「あのことで、官公庁からの予約が全部キャンセルになって部屋が空いている状態でとても困っている。このままでは今年の夏は過ごせるのだろうか」と、眉にしわを寄せて非常に深刻な様子でした。

ホテルみかわの前には、そのころ毎日100人の報道陣がいたそうで、いつもカメラを構えていて、ホテルの従業員がちょっとでも出てくると、事件のことを聞きたいがために、一斉にマイクを向けてきたり、宿泊客を装っては仲居さんとかに、あのときこの夕食が出たのかとかいろいろと誘導尋問をしたりするそうで、対応に大変苦慮しているとのこと。

とてもつらい日々を送っていて、ホテルにいると気が滅入《めい》るので、小林の話を聞きに出てきた、ということなんですね。

で、私はこういう提案をしました。

「目の前に100人の報道陣がいるんですよね。その人たちに、割引の宿泊券をつくって配りなさい」と言いました。

「えっ、どういうことですか」

「だって、このホテルに関心のある人たちが、わざわざ目の前に100人来てくれてるんでしょう。そしたら、今年いっぱい使える割引券をお客さまだと思って配ったらどうでしょう。新聞記者や雑誌記者の人たちは、自分が取材したあの例の事件のホテルというのを妻や子供に見せたいと思うんじゃないでしょうか。そしたら連休だとか夏休み、冬休みとかに家族を連れてきたいと思いますよね。

私がもし新聞記者だったら絶対来たいですよ。妻と子供を連れてきて、ここがあのホテルなんだよ。ここでお父さんはずーっと泊まり込んで取材をしてたんだよ、って言いたいし、見せたいですよね。だってものすごく話題のホテルなんですから。で、それは100人の報道陣だけではなくて、今までに顧客が何千人といるでしょうから、その人たちにも割引券を何枚か入れて送ったらどうでしょう」と提案しました。

今回のことは、ホテルみかわにとっては、迷惑なことだったかもしれませんが、ホテルの側には全然責任がありませんし、ホテルが悪いことをしたわけではないですから、その割引券とともに手紙を添えて「こういう事情で、私どものホテルは官公庁からのキャンセルが相次いで、今とても困っておりますが、私どもが悪いことをしたわけではありませんので、ぜひ、当ホテルにお越しくださいませ。ただ、皆さまに来ていただく感謝の気持ちを込めて、割引にさせていただきます」というようなことを書き添えて、割引券を出したら、皆さんきっと喜んで来ますよ、ってその方に言いました。

そしたら、その方は来たときとは全然違う表情で、ものすごく明るい顔になって帰っていきました。実際に、「この手紙と割引券を送りました」との実例見本品が家に帰ったら郵送されていました。明るい表情が目に浮かぶようでした。

「困った」と思って萎縮してガッカリするのではなくて、こんなものの見方、考え方をすれば、つらいとか悲しいとか不幸とかはありませんよね。

私たちの目の前に起こってくるすべての現象は、全部、自分の思いで〝色（＝意味）〟をつけている。でも、現象の本質はすべて〝空〟であって、本来もともと決まっている〝色（＝意味）〟があるわけではない。

「同じ現象について、いかに喜びや楽しさを見いだしていくかの訓練なんですよ」ということをお釈迦さまは、私たちに伝えたかったのではないでしょうか。

第2章

人生はドミノ倒し

重要なことと、そうじゃないことの区別はない

人生は、自分が書いたシナリオどおり
この考えを受け入れると、楽になれます
今、目の前にあることを大切にするだけでいいのです私たちは、生まれる前に、全部自分で人生のシナリオを書いてきて、そのシナリオどおりに決まっている人生を歩んでいます。こう言われても、私たちは、自分が自由意志で道を選んでいると思っていますよね。しかし、完璧に見事に１００％、本人が生まれる前に書いたシナリオどおりに選んでいるのです。なぜでしょう。

それは、**シナリオを書いた魂が、今、自分の体の中に入っている。**シナリオを書いた魂が、「私」という肉体の衣を着ているからなんです。シナリオを書いた魂が、本体として存在してるんだったら、絶対に、その書いたとおりに選びますよね。

自由意志、自由選択は存在しない

例えば、東京駅に行ったとき、東北《とうほく》新幹線と上越《じょうえつ》新幹線が、同じプラットホームの右と左から出るとします。右の電車に乗ると盛岡《もりおか》に行って、左の電車に乗ると新潟へ行く、というのはわかりますよね。そのときにプラットホームを歩いていて、右の電車を選ぶことも左の電車を選ぶことも自由なのではないか。それは自由選択できるのではないかと思うんですけど、確かに一般論としては選べますよね。宇宙に存在する事実としては、必ず選べます。

でも、東京駅のプラットホームを歩いている人で「盛岡に行く、新潟に行く」というのを決めてなくて、ここでプラプラと歩いてる人はいませんよね。だって、もうどちらかの運賃を払ったから、入ってきたんでしょう。運賃を払わないで入ってる人っていないですよね。

もうすでに、盛岡に用事があるから運賃を払ってプラットホームに入ってきたんです。どっちの電車に乗ってもいい状態で、行き先が全然わからない状態で、このプラットホームに入ってきた人はいないでしょう。

必ず目的を持ってどちらに行くかという意志を持って来てるんですよね。そしたら、物理的にどちらも選べるというのは確かに存在するように見えるけれども、人間の生活、生きてる人間の立場からすると自由に選択なんかできないのではないでしょうか。

必ずこちらに行くという意志を持ってでしか、このプラットホームを歩かないんです。

それと同じことだと思うんです。

◎実は、それもシナリオどおり

自由選択ができるように思ってってもいいんですけど、自由意志で選んだと思ってることが、実はシナリオどおりなんです。つまり、ドミノ倒しのドミノがずーっとパタパタパタパタッと倒れてきていて、そのドミノの倒れてきた結果として、全部、「私」の人生選択は成り立っている。

たまたま偶然、偶発的に何かが起こったから、私は東京駅に来て、なんの目的だかわからないけど盛岡に行っちゃいました、という人はいないわけです。

盛岡で母親が倒れたとか、病気であるとか、盛岡でお見合いをしなくちゃいけないとか、そういう事情があるから盛岡に行くんです。でも、盛岡でお見合いがあるにもかかわらず、「私は自由選択ができるんだから」って言って、新潟に向かう人はいないでしょう。

自由選択ができるように思うのは、一般論としては確かに存在するかもしれないけど、人間の生活をしている私たちというのは、一般論で動いているわけではなくて、必ず自分の意志でその選択をした結果として、このプラットホームまで来ているんですよね。

もうすでに先に選択を終えている。その場で選択しているということはないんです。

「それでも、未来は自由に選択できるんだ」と思うのは、全然かまわないし、選んだ方がそれも自分のシナリオどおりなんだから、どちらの考えをとってもいいんですが、未来のことや現在のことを言うとわかりにくいので、過去のことについて自分の想《おも》いを馳《は》せていただきましょう。

これまでの人生を振り返ってみて、何かの選択を迫られた際に、果たしてどちらかを自由に選ぶことができたのだろうか。よく考えてみてください。

一人ひとり、自分の人生を全部たどってくると、必ず一方しか選べなかったということに気がつきます。自由意志で全部選んできてるように思うけれども、必ずこちらしか選べなかったんです。

「あのとき、あの人と結婚してたら、もっと幸せになれてたのに」って言う人がいますが、それはないんです。必ず、その人と結婚するようになっていたんです。

「あのとき、子供にあの学校を受験させておけばよかった」とか「こちらの会社を選んだ方がよかった」とか言いますが、いいえ、それはないんです。必ず、その選んだ方の選択肢しかなかったんです。

諦めていた第1志望に合格できる理由

私たちは、小、中、高校を通して「自分の望むところ、すなわち第1志望の学校に入れるように粉骨砕身して頑張りなさい」と親から先生から社会から言われて、そういう育てられ方をしてきました。志望校に入学すること、夢を叶《かな》えることが、人間として立派なことだと言われてきましたが、宇宙のしくみを話しますと、例えば、**5校受けられる状況だったら、5校受けて、とってくれたところが予定どおりの学校なんです。**

自分は偏差値が50あって、45とか46の学校を4校受けた。で、50の偏差値だったら60の学校は受かるわけはないけど、肝試しに受けてみた。そしたら、自分の偏差値よりも低い4校は不合格だったけれども60の学校だけは受かった、ということがあるんですね。

それは、その学校に行くようになっていて、それが自分の書いたシナリオなんです。偏差値どおりとか、三次元的な努力の積み重ねだけではなくて、もう生まれる前に書いたシナリオで全部そうなっているんです。

「じゃあ、シナリオどおりなら努力はしなくてもいいのか。何をしても無駄なのか」という質問をよくされますが、**努力をして学校に入る、努力をしてある結果になる、という**

ルートを選ぼうという人は、それを選んでそこへ行くわけです。でも「努力をしなくてもそこに行くのか」というと、その人はそういうルートは書いてきてないんです。

例えば、これから偏差値の高い大学を受けようとしている学生が「この大学に入れるでしょうか」と聞いてきたときに、仮に私が「入れますよ」と答えたとします。そしたら、この学生はこう聞きます。

「じゃあ、努力をしても、しなくても入れるんですか」

そこで、私は「今ここで、あなたは合格しますよ、と言われても受験勉強をやめたりはしないでしょう。どうしたって、勉強をしてしまうのではないですか。その大学に入るということは、これからも勉強を続けて入るのであって、勉強しなくても入れるんですかという質問は、あなたにとっては愚問でしょう。つまり、あなた自身がそのルートを選ばないからです」と言います。

で、あなたがそうするのは自分が生まれる前に、両親を選び、環境を選び、今の自分の性格を選んだその延長線上に、勉強して志望の大学に入るというルートをもうすでにプログラムしてきているからなんです。

それがわかってしまったら、もう体中の力が抜けるわけです。なんにも考えなくてもいい。**私たちができるのはたった一点だけ。〈念を入れて生きる〉ということだけなんです。**

〝念〟という文字を分解すると〝今〟の〝心〟と書いてあります。今、目の前にいる人、目の前にあることを大事にする心のことです。

〝念〟という漢字の意味を「念じなさい。そうすれば未来が呼び寄せられる。念ずれば自分の思いが叶う」というように使っていますが、それはどうも違うようです。なぜならば〝念〟という言葉には、未来という概念はまったく1％も入っていません。〝念〟というのは、ただ、〝今〟だけなんです。〈今を思う心〉としか書いてませんね。

じゃあ、将来どこの大学に行くかとか、この偏差値だったら受かるだろうか、とかいうことよりも、今、あなたが受験生という立場であるのなら、ただ勉強をやっていく。そのとき、未来はどうなるかなんて考える必要はないでしょう。

必ず、いい結果になっている

〝今〟を大事にしている人は、〝今〟を大事にしているという結果としての未来があるわけで、そのことだけをやっていけば、結果がどうなるかは、どうでもいいではないですか。

だって、**私たちの選択は、命を一番きらめかせ、輝かせるようにプログラムして生まれてきたんですから、**シナリオは自分にとって必ずよくなるように、心地のよいようにしか書いていないはずです。

だから、便宜的には志望校を持つことはいいですし、それを第1志望として、他に4つ、5つの学校を受けるのはかまわないけど「どうしても第1志望の学校に行かなくちゃ」と思って、せっかく他の4校に受かったにもかかわらず、その4校全部をやめて、受からなかった1校のために浪人するというのは、私はあまりお勧めしません。

とってくれたところが、人生の設計図、プログラムどおりということです。

ところが、この受かった学校に行こうとして、とりあえず入学金を納めなくちゃ、先払いしなくちゃと思って、払いにいったら昨日で振り込み期間が終わりました、というような場合があります。

「えーっ」と叫んでも後の祭りで、いくらお願いしてもどうしようもないというときは、その学校には行かないというふうに決まっていたんだ、ということでしょう。で、しょうがないから一浪して次の年に何校か受けたら、とってくれたところがあって、そこへ行った結果として、博士号を取得して大学の教授になった、なんて人がいるわけです。

第1志望に行きたいと思ってもいいけど、それが叶うか叶わないかは、全部もう自分が決めてきています。

で、この**〈人生は自分が書いたシナリオどおりだ〉というのを受け入れた瞬間から人生がものすごく楽になります。**

私は、もともと唯物論ですが〈人生は自分が書いたシナリオどおり〉ということを受け入れました。「もう好きなようにしてください」という状態で生きていますし、お声がかかればどこへでも行くようにしてます。ある意味で諦めてしまったんですね。

〝諦める〟というのは、悪い意味で使われていますが、〝諦める〟というのは〝明《あきら》める〟と言いまして、宇宙の構造を自分の心の中で明らかにすることを言います。

宇宙の構造が自分の中で〝明らかに〟把握できた瞬間を〝諦める〟というわけです。仏教ではこれを〝諦観《ていかん》〟と言います。

今、悩み、苦しみを抱えている人というのは、将来こうしたいとか、自分の望みを叶えたいとか、あるいは過去に違う選択をすればよかったとかで悩んでると思いますが、30年かけて宇宙の法理、法則を見つめてきた結論で言いますと、それはまったく無意味です。

過去を悔やむことに、まったく意味がありません。全部、自分の書いたシナリオどおりに生きてきたわけですから。

未来を心配することも、まったく意味がありません。シナリオどおりにしか起きないから、どんなに「私」が手を打ったとしても、どうしようもないときは、どうしようもないようになっている。でも「それもすべてベスト。シナリオどおりだ」とわかった瞬間に人生が楽になります。

私たちは最高、最良の選択をして今ここにいるのですから。

◎「重要でないこと」は存在しない

よく、「シナリオの大筋とか重要なことは決まっていても、細かいことやどうでもよい些細《ささい》なことまでは決まってないんじゃないか」という質問をされますが、どこが太いパイプでどこが細い糸で、というのはないんですね。全部一緒です。重要なことと重要じゃないこと、というような区別はなくて、すべてがもうすでに決まっている、ということです。

それに、重要であることと重要でないことの線ってどこで引くんでしょう。この人との関係は重要で、この人との関係は重要でないというのは、実はありません。太いパイプ、細いパイプ、太い糸、細い糸って分けられないんです。

人生は単に、同じ大きさの同じ形状の同じ材質のドミノがパタパタパタと倒れていってるだけで、価値の高そうな金《きん》でできているドミノと銅でできているドミノと木でできているドミノというふうに分かれてるわけじゃないんです。

全部、同じ大きさ、同じ材質、同じ重さ、同じ形状のドミノが、ただ倒れていってるだけ。だから何が重くて、何が重くなくて、何が重要で、何が重要じゃないというのはないんですね。

ドミノは、すべて同じ形状

例えば、この人と結婚するっていうときに、この結婚する人と出会うためには、あの人が存在し、あの人も存在し、あの人も存在した。どの人もいなかったとしたら、出会うことがなかった。

だから、一人ひとりが全部重要だったと考えるのはいいけれども、結婚する人は重要だけど、あの人は、単なる過程でしかなかった、大した人ではなかったんだ、と思うのは本質論ではないでしょう。

あの人ひとりでも欠けていたら、この人に出会わなかったのだから、すべての人が重要で、一人ひとりが全部同じ大きさ、同じ重さなんです。

結婚するというのは、そういう縁であって、結婚しないというのもそういう縁であって、結婚する縁と結婚しない縁と、どちらが重いのか？

同じなんですよ。結婚する縁の重さを仮に100gとしたら、結婚しない縁の重さも100gで、どちらも一緒なんです。

『老人と海』という大作を書いたアーネスト・ヘミングウェイという小説家がいます。

ヘミングウェイが、10代の後半ぐらいのときに、ある小さな町を歩いていましたら、突然に竜巻が起こって、巻き込まれてしまった。竜巻が去っていくまで目を閉じて我慢して待っていたヘミングウェイが目を開けてみると、その竜巻が、どこから持ってきたのかわからないけど、足元に本の切れ端が2、3枚落ちていた。その切れ端を読んだときに、「あっ、海のことを小説に書きたい」って思ったんだそうです。

そこから、小説家を志して、のちに『老人と海』という大作を書いたんです。それは、道端に転がった切れ端の紙。要するにゴミですよね。

そのゴミを読むっていうことも重要なことではないと思うかもしれないし、それによって小説を書こうと思ったことも重要ではないと思うかもしれないけど、実は『老人と海』という小説ができてしまったあとでは、これはとても重要なことになるんです。

一見、小さなことのように見えるけど、実は大きなことにつながっていたりして、大きなことと小さなことの区別ってできないんですね。

例えば、青年であったヘミングウェイが、その町のその道を歩いていたのは、もしかして、他の道を歩いていたんだけど、たまたまかわいい子犬がいてその子犬を追いかけていったら、町のはずれに来てしまって、そこで竜巻に巻かれてしまったとしたら、じゃあ、この子犬は、すごい存在になるんですよね。

全部、導かれていて、偶然、偶発的に存在しているものは、何ひとつない。ただ私たちは、未熟だからそう思えないだけなんです。

ドミノ倒しのこっちのドミノは小さく安っぽいもので、こっちのドミノは大きくて重要なものだ、と分けたがるのは私たちの三次元的な解釈であって、実はドミノは全部同じものです。同じ大きさの同じ材質の同じ重さの同じ形状のすべて同じものが順番に倒れてきている、ということです。

出会う人、一人ひとりが、すべて重要で、大切な存在なんだということが、わかってきますと、人生が面白く見えてくるでしょうね。

第3章

縁起の法則と幸・不幸のしくみ

〝ありがとうの奇跡〟で楽しい人生

自分の人生をつくっているのは、自分の力ではない
〝幸《さち》の海〟に住んでいながら、それに気づいていない
このしくみがわかると、謙虚になり、
感謝の念が湧いてくる

菩提樹《ぼだいじゅ》の下で瞑想《めいそう》に入ったお釈迦さまは、12月8日の朝、日の出のとき、その日の光を浴びて「わかった、私は悟った」と叫んだそうです。

それから、お釈迦さまは、かつて一緒に修行をしていた5人の仲間に会いに数km離れた竹林へ向かいました。

この修行仲間たちは「苦行を捨てた釈迦は、堕落した」と言って去っていった人たちだったんですが、お釈迦さまは彼らに開口一番「私は悟った」と言ったんです。するとその5人は、お釈迦さまのことを堕落してどうしようもない奴《やつ》だと軽蔑して去っていった人たちですから「どうしたんだい、ゴータマ君」って〝君〟づけで呼びました。

「実は、こういうことを悟ったんだ」とお釈迦さまが数分話をしたら、その5人は、居住まいを正して「今、この瞬間からあなたを師匠として、私たちは弟子として、これからあなたに一生ついていきます」と言った。

では、その数分間の話とは一体なんなのか。

それがお釈迦さまの最初の悟りと言われているもので〝**縁起《えんぎ》の法則**〟というものなんです。

「縁《よ》りて起こる」

縁起の法則というのは「人は自分の人生を自分の思いでつくれると思っているがゆえに、悩み苦しむ。人生は自分の思いでできあがっているのではなくて、自分たちの思い以外の神仏や周りの人々のお陰で全部が成り立っている」とお釈迦さまは言った。お釈迦さまはそれに気がついた。

で、私は30年間いくつもの実証例を見つめ続けてきて、「自分の思いや自分の力で人生が成り立っているのではない」ということに関して“a little”少しは関係しているとか“little”ほとんど関係していないみたいだ、という域の話はしていましたが、お釈迦さまが言ったのは“not at all”なんです。「まったく関わってない」ということです。

◎人生を成り立たせているもの

私の人生をつくってるのは私じゃない。人は、自分の人生には1％も関わってない。0％だ。

では、私以外の神、仏、友人、知人、家族というものが私の人生を成り立たせてくださっているとしたら、私の思いで私の人生をつくってるんじゃないとしたら、私にできることは、私の人生を成り立たせてくださってる神、仏、友人、知人、家族に対して、ただひたすら感謝をするしかない、ということになります。

そこにしか自分の人生に参加する方法がないということなんです。自分の思いで自分の人生をつくっている人はいない。自分の思い以外の大きな力によって人生が成り立っている。

例えば、コップに水が入っていて、これを私が飲もうとする。自分の意志でこの水を飲もうとしているけれども、私がこの水を飲むことについて私が関わっているのかどうかという話をしますと、このガラスコップをつくってくれる人がいなければ、ここまで水を持ってくることはできませんよね。

今、この状態で置いておくことができない。両手でずーっと持っていなくちゃいけない。両手で持っていれば、水はどんどんこぼれていって、飲めないですよね。だから、ガラスコップのお陰で水が飲める。

ガラスコップというのは砂から珪砂《けいさ》というものをとってきて、ガラスをつくるわけですから、コップになる前の段階でガラスになる材質をとってきてくださった方がいるわけです。

そのガラスコップがテーブルに載ってるということは、テーブルをつくった人がいるんです。テーブルは床の上に載っかってます。床は大工さんがつくったんですよね。その大工さんに家を頼んだのは建物の持ち主なんですよね。

それに関わったすべての人がいなければ、このコップの水は存在しないから、飲むことはできない、ということになりますね。

で、何よりも一番肝心なのは、この水そのものが私たちにはつくれないんですよ。水が空から落ちてきて、それを飲むことで人は生命を維持することができている。

「私が自分の命を維持してるんだ」と私がどんなに頑張って主張しても、この水さえもつくることができないのです。この水が上から落ちてきて初めて、私たちは飲むことができて、生きていられるのだから。

私の思いとか私の能力とかが、この水に関して私は何か参加していますか。

そういうことを考えていったら「**私の人生に、私はどこにも参加してない**」と**確かに言えるんですね。そう考えると謙虚にならざるを得ないでしょう。**

◎できることは〝感謝〟だけ

〝私〟を〝私〟たらしめてくださっている存在——神、仏、守護霊さま——この目に見えない3者と、私をとり囲んでいる人間関係——友人、知人、家族——この計6者によって私の人生は成り立っている。

そうすると、私が自分の人生に参加できるのは、その6者に「私をいつも、なんとかしてくださって、ありがとうございます」と、ただひたすら感謝する……。それしか参加できないでしょう。人の協力がなければ、何事も成り立っていかないんです。

で、現実問題として、周囲をとり巻くすべてのものに対して「ありがとう」って言える「私」になったら、例えば、営業成績とか収入とかの三次元的な数字がどんどん上がっていくという事実があるようです。

だって、常に応援してくれている味方たちに感謝の言葉を投げかけているんですから、その方たちだって、さらにやる気になって応援してくれますよね。自分ひとりで頑張ってるときとは全然違うようになります。

〈縁起の法則〉が、本当かどうかわからなくても、これには、ものすごいプラス効果があるみたいですね。

私たちが感謝すればするほど、周りの人たちは、もり立ててくれるから、実際にとても楽に生きられるようになりますし、これまで以上に、支えてくれることは事実のようです。

◎なぜ、幸せを感じないのか

「すべてが感謝の対象であるにもかかわらず、日常があまりに当たり前すぎて、私たちは、幸せを感じなくなってるのかもしれません」と言う方がいました。

それどころか、幸せになるためには「あれも欲しい、これも足りない」って言って、ずっと何かを求め続けている人がいますね。

幸せというのは、今、自分が置かれている日常そのものなんです。

何も起きないことがどれほど幸せであるか、ということに私たちは、なかなか気がつかない。毎日が、ただ淡々と平凡に過ぎていくことが、実は幸せの本質なんです。

幸せというのは、何か特別なことが起きることではないんですね。何も起きないことが幸せの絶対的な本質です。

幸せとは、よいことが起きるとか、楽しいことが起きるのではなくて、自分にとって、いわゆる面倒なこと、大変なこと、汗をかかなくてはいけないこと、神経を使わなくてはいけないことなどがなんにも起きないこと。それこそが最大の奇跡なんですね。

今、私たちは、日常生活そのものが幸せの塊という中で生きています。幸せの塊というのは、言葉を換えて言うと、海の中に生まれ育った魚というのは、永遠に海というものを知らないで死んでいくんですよね。

私たちは、幸せの塊の中で、幸せという海の中で生まれ育った。だから、幸せの本質を知らないまま「どこかに幸せがあるに違いない」と言って、自分を叱咤《しった》激励し「もっと私が頑張って成長すれば、幸せが手に入るんだ」と思いながら生きてるんですね。

でも結論を言ってしまいますと、**幸せって努力をして手に入るものではありません。**〈山の彼方《あなた》の空遠く〉歩いていって探すべきものでもありません。そんな必要はどこにもないんです。

◎幸せを願うとどうなるか

今、私たちは、幸せの海の中でただひたすら生きてるだけなんです。でも海の中に棲《す》む魚は、海の本体がわからない。だから、海というものをいつも見たいと思っている。この魚がそう希望していると、神さまというのは限りない優しさを持っていますから、魚の望みを叶えるために海を見せてあげようとします。それを〝釣り上げる〟と言います。

で、釣り上げられた魚は海を見下ろして「あー、海ってこういうものなのか。海は広くて大きくて、水平線があって、白い雲があってヨットが浮かんでいて素敵なものだなー」と思う。でもそのときは、苦しいんですね。

結局、釣り上げられてる状態というのは、海は見えるけれども、同時に苦しい。つらいんです。これを言い換えると〝災難〟と言います。

魚が〝私〟で、釣り上げた人を〝神〟と呼びます。海は〝幸《さち》〟そのものです。〈海の幸〉。

人間は、病気や事故、トラブルなどに巻き込まれたときに初めて、自分の〝海＝幸〟が見えるんです。

例えば、右手を捻挫して使えなくなった、とします。電話ができないとか、お箸が持てないとか、左手で全部やらなくちゃいけない、ってときにすごく不便で、不幸感を味わいます。でも、捻挫が治って、右手が自由に使えるようになったら「右手が使えるということは、こんなに幸せなことだったのか」って言って「右手さん、ありがとう」って本当に心から感謝ができますよね。

2週間前は丈夫な手だった。2週間後に、右手が治ってもとの丈夫な手に戻った。では、この2週間だけ右手が使えなかったのは不幸だったんですか？

いいえ、この不幸だと思っていた2週間があった結果として、それから先ずーっと死ぬまで、右手に対する感謝の心が湧いてくるようになったんですよね。そしたら、右手が自由に動くことで「ありがとう、嬉しい」って思う喜びをひとつ頂いたわけですから、この2週間は不幸でもなんでもなかったんです。

じゃあ、なんのために右手が2週間使えなかったのでしょう。

罰が当たったとか、ペナルティーを科せられたとか、不幸があったとかいうことではなくて、この右手に対する感謝の心、喜びの心をひとつ増やすため、何も起こらないことがどれほど幸せかということをわかるために、右手を捻挫したんです。

そういうしくみがわかって、今、すでに自分が海の中に棲んでる魚だと認識することによって、災難とは無縁になるんです。だってもう釣り上げられる必要はないんですよね。自分が〝幸の海〟の中で生きてることがわかったら「〝幸の海〟を見せてくれー」って叫ぶことはないわけですから。

何も起こらない日常生活こそ、幸せそのものであることに気がついた人は、幸せの海の中にどっぷりつかっていられるんです。

◎日常生活こそ、奇跡の連続

今、病気や事故やトラブルが起きてない状態というのは、それはもうひとつ別の考え方で言いますと、実は私たちが発した「嬉しい、楽しい、幸せ、愛してる、大好き」といった類いの言葉、それと「ありがとう」という感謝の概念がいつも身の回りに満ちていた結果として、何も起きてこないということでもあるんです。

私は、超常現象、超能力を研究してきて、今一番面白いと感じているのが〈ありがとうの不思議〉というものなんですが、とにかく心を込めなくてもいいから「ありがとう」を2万5000回言ってると突然に涙が出てきます。

で、泣いて泣いて涙が出尽くしたあとに言う「ありがとう」は本当に心の底から感謝を込めての「ありがとう」になります。

その心の底から湧いてくる「ありがとう」の言葉がさらにもう2万5０００回続いて、合計5万回の「ありがとう」が出てくると、突然に現象化が始まるようです。

宇宙には本来〝幸〟も〝不幸〟も現象そのものとしてはないんですが、「私」が幸せで心地よいと思うことは存在しますよね。その「私」にとって、**心地よいと思う、幸せだと思う現象が片っ端から起き始めます。**

自分が望んでるわけでもなく、イメージしたわけでもないのに勝手に起き始めるんです。でも、気をつけていただきたいのが、最初の2万5０００回を言う段階で、ある種の言葉を口にした瞬間に「チーン」って音がして、ゼロになります。

◎ありがとうの奇跡

その、ある種の言葉というのは何か。

「(これを五戒《ごかい》と名づけていますが)不平不満、愚痴、泣き言、悪口、文句」です。心を込めないで、山ほど「ありがとう」を言っていいんですけど、その合間に〝五戒〟を口した瞬間「チーン」という音がして、そこからは、またやり直し。何十回、何百回やり直してもいいんですが、とりあえず合計で2万5000回ぐらいに到達したときには、めちゃくちゃに涙が出るみたいです。

なぜ、涙が出てくるのかわかりませんが、涙が出尽くしたあとで言う一言一言の「ありがとう」は心の底からの「ありがとう」になるようです。本来、私たちの中には、すべてのことに感謝できる心が神によってすでにインプットされているようです。

目の前の人、自分を支えてくれる友人、知人、家族がいるというのがわかってくると、本当に心の底からこの人たち一人ひとりに手を合わせられるようになるみたいです。

そういう「私」になると、病気、事故、トラブルが起きないという消極的なもの、いわゆるマイナス的な出来事が現れないだけではなくて、私たち人間ひとりの力ではどうにもならないような問題がいつの間にか解決してしまったり、これまで考えもしなかったような、楽しい世界が展開し始めたりするんですね。

人生を面白く生きるという意味で、この〝ありがとうの奇跡〟を、死ぬまでにぜひ味わってみることをお勧めします。

第4章

頼まれごとの人生

目標設定しない、もうひとつ別の生き方

頼まれごとというのは、
自分にできないことは来ないから
ただひたすら、頼まれごとをこなしていく
そうすれば、使命、天命につながっていきます

〈不平不満、愚痴、泣き言、悪口、文句〉(これを〝五戒〟と呼んでいます)を一切口にしないという生活を3カ月から4カ月、続けてやっていますと、頼まれごとが始まります。頼まれごとというのは、自分にできないことは来ませんから、頼まれごとは頼まれたらやる。でも、どうも単なる頭の数合わせのようなものだったら、断ってもいい。

自分が尊重されている場合やこの人でなければというものであれば、基本的に全部引き受けましょう。でも、すでに先約が入っているものについては「NO」と言っていい。

頼まれごとが始まったら、ただひたすらやっていく。それが〈頼まれごとの人生〉です。

そうすると自分自身がある方向のもとに、使われているということに気がつきます。

〝使われる命〟――これが、使命、天命と言われているものです。

◎宇宙からの要請に応える

〝つかわれる〟というのは、真ん中に〝わ〟の字があるでしょう。これは、宇宙からの要請に対してそれに応えることなんだそうです。それが〝和〟すること。「宇宙の要請に対して和することが、使われることである」ってこの方(私の守護霊さん)がおっしゃるんです。

でも、宇宙の要請と和することを拒否して、自分の自我で生きていく。つまり、要請に対して和さない、協調しないというように、〝わ〟の字を拒否する、〝和（わ）〟をとってしまうと「つか（疲）れる」という言葉になっています。

〝疲れる〟というのは、宇宙の要請に対して和さないことなんだそうで、だから疲れるんです。宇宙からの要請に対して応えていれば、どんなに働いても疲れません。

頼まれごとをこなしていくうちにある方向で自分が使われていることに気がつくんですが、それが使命、天命というものですね。天命、使命に出会ってからの人生というのは、すごく楽しいものですから、なるべく早くそこのところに到達することをお勧めします。

◎達成目標、努力目標は立てなくていい

達成目標を立てて、それに向かって努力する、そうすることが〝幸せ〟を得るための唯一の道だ、と考える方は、努力をし続ければよいわけですが、私は、達成目標、努力目標を考えなくてもいいですよ、という立場の人間なんですね。

なぜ、未来の達成目標を立てなくちゃいけないって思うんでしょうか。

自分の思いどおりの人生を歩む、達成目標を立ててそこに邁進《まいしん》していくというのは、かっこよく、いいことのように思わされてきました。私たちは、目標設定をして、努力をして叱咤激励して、よりグレードアップした自分に近づく——それが人間のあるべき姿だって、そういう教育だけをずーっと受けてきました。

「いい大学に入って、いいところに就職して、人より多くの給料を得られるように頑張りましょう。お金や名誉や地位が手に入れば幸せになれる。それが価値あることなんだって……」。そういう教育しか受けてこなかったんです。それが、一番いいことで幸せになることだって、誰もが信じ込まされてきました。

でも、小林正観が到達した結論というのは、自分がやることを決めるのではなくて、自己達成目標や努力目標なんて全部投げ捨てちゃってかまわないから、いかに頼まれごとをするか、いかに頼まれやすい人になるか、ということに人生は尽きる、という生き方になりました。

それは、単に努力をしなくてもいいと言ってるんではないんですよ。繰り返しますが、努力することが趣味で、楽しいのだったら、いくらしてもいいんです。

目標に向かって頑張っている状況そのもの、プロセスそのものを楽しめてるうちはいいと思いますし、そういうとらえ方があってもいい。

でも、もうひとつの別の生き方があることに気がついたんです。それは頼まれごとをやっていって人生を終える、ということなんです。何も考えなくていいから、ただひたすら頼まれごとをこなしていく。「頼まれごとがあって初めて、人生は人生と言えるんだ」って。

それは素晴らしい人生だと思います。

〝頼まれごとの人生〟を知ったきっかけ

私も人生の前半は「戦いなさい、努力しなさい、人より抜きん出なさい」という三次元的な競争社会の価値観に操られてきた人間です。ですから、そちらの世界を知らないわけではないし、その競争からドロップアウトした方でもないんです。

私は30歳で結婚しまして、なかなか子供ができなかったんですが、3年経《た》ってやっとできた子供が知的障害児でした。

　この子が小学校6年生のときにこういう事件があったんです。

　その日は運動会で、朝、その娘と母親が手をつないで出かけようとしていたときに、母親である妻がとてもニコニコしてたものですから「なんか、えらく楽しそうだね」って声をかけました。

　私は、原稿を書かなくてはいけないので、ひとり家に残ったんですけど、妻がこう言いました。「今日は、もしかすると（うちの娘が）ビリじゃないかもしれない」って。

　どういうことかと言いますと、娘は、染色体の異常で体の筋肉が人の半分しかなくて、基礎体力も筋肉も発達してないがゆえに、走らせると人の2倍から4倍かかるんですね。

　小学校1年から4年までは50m走なんですけど、5年生から100m走になる。ずーっと8人で走ってきて8番目。つまり、いつもビリだったんです。

　まあ、**私も妻も、勝つ必要はないって思っている**んですけど「今日は、もしかするとビリじゃないかもしれない」って妻がニコニコしながら言っている。

「どういうこと」って聞くと、クラスの中に1週間前にケガをした女の子がいるんだそうで、足首に包帯をグルグル巻いて1週間通ってきている。「ケガをしてるんだから、徒競走はやめたら」って先生が言ったら「いや、どうしても走りたい」ってその女の子が言ったんだそうです。

◎価値観を変えた運動会

で、その女の子と娘が最終組で走ることになった。もしかすると、初めて彼女は7位になるかもしれない。7位になろうが8位になろうが、全然かまわないし、こだわってないんですけど、妻がそんな話をしながら楽しそうに出かけていきました。

で、4時ぐらいに、またニコニコして帰ってきたんですね。

「どうしたの。楽しそうだけど、7位だったの？」

「それがね、やっぱり8位だったのよ」って言うんです。

私はケガをしている女の子はどうなったのか知りたかったので、「その子はどうなったの」って聞きました。そうしたら、こういう状況だったそうです。

ヨーイドンで走り出して、他の子供たち6人が50ｍぐらいのところにいたときに、娘は15ｍ、ケガをしているので足をかばいながら走っていたその女の子は10ｍぐらいのところにいたらしい。

娘の方が速かったらしいんですが、その10ｍぐらいのところでその女の子がケガのためにやはり走りにくかったんでしょう。「キャッ」と声を出して転んでしまった。その転んだのを見たうちの娘が、「どうしたの？」って足を止めて、トコトコと逆走しまして、その子を助け上げて、その子の腕を持って、ずっと残りの90ｍ一緒に走って、ゴールの手前で女の子の背中をポンッと先に押してから自分がゴールに入ったそうです。

でね、結局ビリだったんです、また。

でも、ゴール手前10ｍぐらいのところで、テープが張り直されて会場が割れんばかりの大拍手、大歓声に包まれたということなんです。「とても感動的なシーンだった」って妻が言ってました。**結果としてビリだったんですけど、うちの娘は帰ってきてもニコニコしながらテレビを見ているという状態だったんです。**

その話を聞いたときに、私は非常に衝撃を受けました。

◎学校教育で見失ってきたもの

私たちは、小・中・高校と学校でも家庭でも社会でも「ヨーイドンって鳴ったら、必ず

1位、2位へ飛び込め」って、そういう教育しか受けてきてないですよね。わけがわからず、ただゴールに飛び込むことしか考えないでずっと走ってきました。

人より抜きん出ること、人よりもたくさんの努力をしてその努力の結果が幸せになることの証《あか》しであると信じ込まされてきました。それしか価値がない、それが当たり前だと思って生きてきたんですよね。

でも、彼女の中の価値観は違うんです。速く走るとか、速くゴールするとかいうのがないんですね。

私は、この徒競走の話を聞いたときにものすごくショックを受けました。そして、何百回も考えました。考えて、考えて、考えた結果、こういう結論になった。

娘の生き方の方が正しい。

正しいというのは、私にとって心地よいということです。私が今まで教え込まれてきた人生観とか、ものの考え方というのは、どうもどこかがおかしいみたいだ。何かものすごく大きな〝思い込み〟に縛られてきたかもしれない。

娘は、能力的に優れているわけじゃない。英語の単語を覚えたり、計算ができたりするわけじゃないんですね。

でも、弱い者に対しては、いつでも手を貸そうという態度があって、自分より弱い者、自分より力のない者っていうのが彼女にはほとんどないわけですけど、その人たちに対する心の優しさ、思いやりというものはとんでもないものを持ってるんです。どうもそのために知的障害児という形をとって神さまが目の前に現れているような気がします。

で、私が皆さんにこういう話ができるようになったのは、実はこの問題が大きいんです。私自身が、だんだん疑問を感じ始めて、心の針が揺れているところに彼女のこの一件が駄目押しになったと思います。

もしかすると、私たちは一番大事なものを見失ってきたのかもしれません。

自分を叱咤激励して、ある水準まで自己を到達させるというのもひとつの方法ではあるけれども、人から何かを頼まれて、その頼まれごとをただひたすらニコニコ笑顔でやっていく。そこに、この世に肉体と生命をもらった本当の意味があるのではないかということに気がついたんです。

頼まれごとを全部こなしていく人生。それは、別の言い方で言うと〈いかに喜ばれる存在になるか〉ということでもあるんです。

◎達成目標や夢や希望を持ったときは？

それを、さらに進めると達成目標も夢や希望もどうもなくてもいいみたいなんです。「持ってはいけない」と言ってるんではなくて、それに執着してしまうと、とてもつらいものになるということです。

夢や希望というものは「どうしても叶えたい」というよりも「叶わなくても、それはそれでよし」と思う方が楽に生きられますよ、ということなんです。

それに、人がどんなときに達成目標を持つかというと「今の自分じゃいけない」「このままじゃダメだ」「さらにもっと」って感じているときではないでしょうか。

それは、いつも今の自分を否定していることになりませんか。

人間は、なんのために生まれてきたのでしょう。それは、幸せを感じるためなんです。幸せを感じるために、高い達成目標が必要なんでしょうか？

◎パラダイスとユートピア

幸せというのは、パラダイスじゃないんです。ユートピアでしか手に入らないんです。パラダイスというのは、人が外から見たときにパラダイス状態であることが誰にでもわかって、欲しいものが全部手に入る状態なんだけれども、欲しいものが手に入る状態というのは〝もうこれでよし〟というレベルは永久に来ないんです。

パラダイスは、天国のように見えますけど、実は絶対に天国にはならない。天国が手に入るのは、唯一ユートピアだけです。ユートピアというのは、今、自分が幸せだと思うこと、幸せを感じるということです。

でも、「幸せとはこうあるものだ」って常に規定をしている人は、その状態が来ても「まだ足りない」って思うだけなんです。

じゃあ、どこまでいけば満足するんでしょう。どこかで〝これでよし〟というラインがあるんでしょうか。「幸せはこのライン」って、あらかじめ決まっているラインはないんです。本人が、そう思うだけなんですよね。自分でよしと思ったら、幸せなんですよね。

でも、よしと思わなかったら、どこまでいっても幸せじゃないんですよね。じゃあ、今ここで、よしと思えばいいじゃないですか。それが、幸せの本質なのだから。

◎幸せは、自分が決める

今、「私」が幸せだと思った瞬間に、幸せが100％手に入るんです。

私たちは、喜びの世界で生きているわけではない。苦しみの世界で生きているわけでもない。現象は、全部ニュートラル（中立）でゼロ状態。まったく色のついてない世界に住んでいるんです。その現象について、幸せと思うのも自由だし、不幸だと思うのも自由です。

「人と比べ合うことや、外の条件によって幸せが左右されるわけではなくて、私自身が幸せになれるかどうかは、〝今、私が決める〟」というところに価値観を見いだしてる人は、実は世の中にたくさんいるんですよね。

そういう人たちが〈頼まれごとの人生〉を始めようとしているのかもしれません。頼まれごとのない人生って、空《むな》しいと思う。〝幸せ〟を感じるには、達成目標は多分、要らないんだと思います。

頼まれごとを、ただニコニコ笑顔でこなしていく人生。それは、一番早く使命、天命を知る方法のような気がします。

〝頼まれごとの人生〟を送った池大雅さん

昔にも〈頼まれごとの人生〉をやっていた人がいるんです。

京都に苔寺《こけでら》というのがありまして、苔寺の200mほど手前に池大雅《いけのたいが》美術館というのがあります。池大雅は、江戸時代中期の文人画家で京都の東山《ひがしやま》に住んでいたんですが、この人は絵を描いてほしいと頼まれたときに、断ったことがありませんでした。

京都ですから、当然、天皇家からも頼まれるし、お公家《くげ》さまからも頼まれる。武家の殿さまからも頼まれる。京都の商人、大阪の町人、農家からも……という形で、いくらでもいろいろな人から頼まれたそうですが、一度として断ったことがない。

頼まれた絵については、全部引き受けて描いた。

で、その頼んだ絵画をとりにきた人が絵を頂いて帰るときに「ありがとうございました」って言って、玄関先に吊《つ》るされたザルの中にお金を入れて帰ったんだそうです。その絵の代金として、誰がいくら払ったのかを池大雅夫婦は、まったく知らなかったそうですね。そういう生活が長い間続いたそうです。

では、どうやって生活していたのか。

味噌《みそ》、醤油《しょうゆ》、米を商人が持ってくると、そのザルの中から代金を持って帰っていったそうです。そういう生活をしていた夫婦がいた。

私は、それまで頼まれごとをやり続けていくということはしてきましたが、池大雅のような生活までは踏み切れてませんでした。

でも、この池大雅的な生活を実際にしてみたらどうだろう、って2、3年前から私は身を委ねることにしました。

どうやって生活をするかとか、どうやってお金を得るかとか、というのは、とりあえず一切考えないで「ただひたすら、頼まれごとを全部受けるだけでいい」って決めたんですね。頼まれごとをやるということは、そこに必ず喜んでくださる方がいるわけですから、それをずーっとやっていった結果として、お金の入り方が変わってきたみたいです。

もちろん、委ね切るというのは、すごく不安かもしれませんが、身を委ねるということは、何もしないというのではなくて、頼まれごとがきたら、ただそれをこなしていく立場でいるということなんです。これが〈池大雅的な生活〉ですね。

〝頼まれごとの人生〟の達人・月僊さん

で、一方、池大雅の友人で、伊勢山田《いせやまだ》（三重県伊勢市）の寂照寺《じゃくしょうじ》に月僊《げっせん》という住職がいました。

この月僊も絵を描くのが大変上手《じょうず》で、玄人はだしの画家として有名であった。あるとき、月僊は「これからは、頼まれた絵は全部お金をとることにする。金さえ出してくれたら、どんな方にも絵を描いて進ぜよう」と宣言し、金さえもらえれば、どんな人から頼まれても画筆を振るったのですね。

こうして、月僊は人々からいかに蔑まれても気にせず、頼まれた絵は、ひとりとして断ることなく、お金のために描き続けた。

そんな月僊を見て、親友である池大雅が忠告したとき、月僊は初めてその本心を打ち明けたそうです。

「私は3つの目的で金を集めている。第1に、このあたりの貧民を救う。第2に、大神宮

（伊勢神宮）の参道を補修する。第3に、この寂照寺を建て直す。この3つの目的が達成できる日まで、私は頼まれた絵を描き続ける」

何年かして、絵を売って膨大な資金を蓄えた月僊は、貧民救済に1500両を供出し、参道を修理し、貧乏寺を再建し、それ以降は、画筆を断って仏道に精進したのだそうです。人々は、月僊の寄進したお金を「月僊金」と呼びその功徳《くどく》に感謝したといいます。

同じ時代に画家としての才能をともに与えられた池大雅と月僊。2人のやり方は違っていても、どちらも方向性は同じ。2人とも喜ばれる存在であった。お金を払ってでも、人々が月僊に絵を描いてもらいたかったというのは、神の支援があったからではないでしょうか。

自分の生き方や考え方をわかってもらえなくてもいい。ただ、自分は頼まれた絵を描き続けることで、どうしたら喜ばれる存在になるか、それだけを考えて生きていった。そんな人たちを神さまが見たときに、絶対に放ってはおかないでしょう。

池大雅と月僊。

2人は〝頼まれごとの人生〟の達人だったのかもしれません。

「はい、できます」と全部引き受けた稲盛和夫さん

京《きょう》セラ、第二電電（現・ＫＤＤＩ）の創業者で、稲盛和夫《いなもりかずお》という人がいます。

稲盛さんは、最初、京都にあるガラス製造の会社で開発の仕事をしていましたが、稲盛さんを支援する人たちとともに独立して、京セラの前身、京都セラミックという会社を創業しました。

しかし、当時は知名度も低く、事業を拡大するには、行商のように一軒一軒「何か仕事はございませんか、セラミックのご用はないでしょうか」と根気強く訪ね歩くしかなかったそうです。

そうした中で、相手先からの注文は「こういうのできませんか？　こんな商品を開発してくれませんか」という逆提案だったといいます。

その言われたことすべてが今まで全然やったことのないことで、しかも競合会社でもつくれない、業界の水準をはるかに超えたものばかりでした。

でも、稲盛さんはそこで「全部、できます」と言ってしまったのです。誰もできないだろうと諦めているものを「私どもの会社ならできます」と言って注文をとってきたのです。

今まで、まったくやったことのない分野でも100％引き受け、技術的に自信のない素材については、社員たちが一所懸命勉強して、次から次へと新規の注文に取り組んでいったそうです。

その結果として、現在の〝京セラ〟をもたらしました。

最初は、とても不可能と思われることだらけだったのに、頼まれたことは全部引き受けた、そこのところですね。**できないことは絶対に頼まれません。これからできる可能性を持っているからこそ、頼まれるんです。**

現在の自分の能力を勝手に自分で判断しているうちは、あれこれとできない理由を見つけては、断る口実にしてしまいがちですが、必ず将来性があるからこそ頼まれるんです。

そうしたことを続けていく中で、京セラは飛躍的に発展していったのですが、稲盛さんは、それによって入ってきた富をただ蓄えるのではなくて、映画「地球交響曲・ガイアシンフォニー」の製作、上映などを支援して、さまざまな文化活動を通して、人に喜ばれる形で還元していきました。

そういう人のもとには、ますます儲《もう》けさせるようにお金も人も仕事も集まってくるのではないでしょうか。

相手からの頼まれごとをすべて引き受けていくということは、宇宙の流れに乗る方向がひとつひとつ示されていくということなのかもしれません。

◎頼まれごとは断らない方がよい

いつも見守ってくれている存在——守護霊という言い方をしてもいいですが——は、私たちの能力や人格を全部知っていて、知り抜いた上で、頼まれごとを運んできてくれているんです。

私たちが、今日から〈不平不満、愚痴、泣き言、悪口、文句〉を言わなくなると、この方（守護霊さん）が飛び回り始めます。

この方は、あっちこっちでものすごく精力的に飛び回っていて、私たちをいかに売り込むかということのために、いわば営業活動をしているんです。とても強力な営業部長なんですね。

ですから、頼まれごとに対する否定的な返事は、実は守護霊さんに対する否定的な返事なんです。

この方が営業部長となってとってきてくださる頼まれごとに対して、自分の自我で、「これは好き、これは嫌い、それはやりたくない」って文句を言った途端に、この方は、やる気をなくすみたいです。だってこの方は、私たちを喜ばすために一所懸命やっているんですから。

だから、私たちの周りに起きる現象というのは全部、私たちを喜ばせるためだけに守護霊さんが起こしている、と言えますね。

いいことしか起きていない

守護霊さんは、いいことだけしかやっていないし、実際いいことだけしか起こってないんですけど、未熟な私たちはそれが見えなくて、不平不満を言ったり、愚痴を言ったりするんですね。

ひとつひとつの因果関係がはっきり見えるようにはしてくれていないので、2年、3年かけて、あとになって膨大なる喜びを与える場合もあるから、その前半というのは、必ず不幸のように見えるんですね。

でも、空腹という現象がない限り、おいしいという現象がないでしょう。暑すぎるという現象がない限り、さわやかだという現象もないですよね。そうすると、喜びを感じるためには、必ず前半分は、つらい、不快だと思える現象が存在するっていうことがわかってくるんです。

でも、ある程度時間が経たないと、どうしても本質がつかめないっていうのが人間の未熟さなんですね。

◎本当の〝謙虚と傲慢〟

で、この方（守護霊さん）の営業のお陰で頼まれごとがきたときに「私にはそんな能力はないので、とても無理です」と言って断るのを〝傲慢〟と言います。驕《おご》り、高ぶり、うぬぼれ、傲慢です。

一方、例えば、「ＰＴＡの会長とか役員をやってください」って頼まれたときに「私にはできるかどうかわかりませんけど、できる限りやらせていただきます」っていうのを〝謙虚〟と言います。

一般的に言う〝謙虚と傲慢〟とは、まったく違うんですね。

だって、この営業部長が一所懸命になってとってきてくださる仕事というのは、私たちの能力と人格を100％知り抜いてる方が、飛び回ってとってきてくださった結果なんですから、それによって、飛び込んできた話は、すべて「はい、わかりました。やらせていただきます」っていうのが本当の謙虚さなんですね。

それなのに「私には、とてもそんなことはできない」って決めたのは、一体だーれ。自我で勝手に決めたんですよね。そんな面倒くさいことはできないとか、そんなつらいことはイヤだって、自我である「私」が言ってるんですよね。

そういう意味では、自我で判断している間は、どのくらい人格が磨けるかわからないでしょう。自分が好きなことをやってる範囲では、自分のできる範囲で選んでいるから、実は全然自分を磨いてないのかもしれませんよね。

この方は、私たちを喜ばせるためだけに活躍してるんです。

「でも、できないことをやってたら、喜びどころかつらいじゃないか」って言うかもしれませんが、実は、**頼まれごとというのは、必ずできるレベルでしかやらせてもらえないんです。**できないことは最初から頼まれないし、この方が私を見込んでとってきてくださった仕事なんです。

◎喜ばれる事に仕えるのが〝仕事〟

〝仕事〟という言葉を使うと〝お金を得るための労働〟と考える人がいるでしょうが、もともと〝仕事〟という言葉の中には、お金を稼ぐという意味は、どこにもありません。「事」に「お仕えする」と書いてありますから。なんのことにお仕えするかというと、「喜ばれる事」に「お仕えする」ことを仕事と言います。

頼まれごと、人に喜ばれることをたくさんやっていくと、忙しくなりますが、忙しい状態というのは英語でbusy（忙しい）＋ness（状態）と言います。businessという言葉は〝忙しい〟というのを名詞にしただけです。〝お金を稼ぐ〟という概念はありません。

仕事というのは、喜ばれる存在になること。頼まれごと、喜ばれることに我が身をお仕えさせることが〝仕事〟ということです。〈頼まれごと〉こそが実は人生そのものなんです。

達成目標を立てて、それをクリアしていくというのは、能力を磨くという世界ですが、頼まれごとをやっていくというのは、人格を磨くという世界です。

そういうことがわかったら、守護霊さんが飛び回ってとってきてくださった仕事は「はい、わかりました」って言ってニコニコやっていきましょう。そうすると、〈営業部長〉は、もっと楽しそうに飛び回るみたいです。

◎「頼みやすい人」は「喜ばれる人」

とても頼まれやすい人になった、ある自転車屋さんの話なんですが、今、自転車というのは、スーパーマーケットとか量販店だとかですごく安く売ってますよね。わざわざ専門店に買いにくる人が少なくなってしまって、これからどうしたらよいだろうか、という相談を受けたんですね。

私が「喜ばれる存在になること、それだけですよね」って言いましたら、その人は自分なりに考えてこういう結論を出しました。

〈修理の大好きな自転車屋〉っていうのを名刺に入れ始めたんです。そしたら、毎日、たくさんの修理を頼まれるようになったそうです。

で、その修理をやっていった結果として、「修理を頼んできた人たちも自転車を買い替えるときには、うちの店に来てくれるようになりました」って話していました。

だって、自転車という商品そのものは、どこの店でも同じようなものでしょう。そしたら、お客さんが来るかどうかは、その店、その人に関わりたいと思うかどうかなんです。

それに、スーパーや量販店では多分、修理はしてくれないですよね。ちょっと壊れても、「買い替えたら？　安いんだから」って言われそうです。

でも、数百円とか1000円前後で直せるんだったら、本当は直したいと思っていますよね。そしたら〈修理の大好きな自転車屋〉なんて名刺に刷り込んであったら、店に持っていきやすいし、ものすごく頼みやすいではありませんか。

その人は、どんなに安い修理でも全然嫌がらずにニコニコしながらずーっと〈修理の大好きな自転車屋〉をやり続けた。すごく頼みやすい人になったんです。

◎人が集まるような人格

実は、頼みやすい人、頼まれやすい人というのは、もうひとつの別の言い方で言いますと〝人徳〟と言うのですが、〝人徳〟イコール〝人格者〟ですね。結局、人が集まるような人格になってしまえば、必ずやそこで商売が成り立つわけですから、仕事というのはまさに人格の延長なんです。

自分の周りでいかにたくさんの人が喜んでくださるか、喜ばれる存在になるか。どうしてこんな簡単なことを世の中で教えなかったんでしょうか。

さらに、彼は、修理をやり続けていく中で、心に変化と決意が生じたんです。以前は、お店をもっと大きくしたいという思いがあったそうなのですが、修理に持ってきたお客さまと接していくうちに、こういうように考えが変わったそうです。

「ご縁があって、こうやって来てくださってる、今、目の前にいるお客さま一人ひとりを大切にして、心を込めて修理したい。いつでもお客さまの顔が見える商売というのは、なんて楽しいんだろう。これこそ、本当に自分がやりたかったことだったんだ」と、改めて確認したんですね。

彼の温かく親しみやすい人柄に惹《ひ》かれて、近くの小学生が「おっちゃん、いるう？」と言って、毎日のように遊びにくるそうで「かわいい常連さんができた」って、嬉しそうに笑顔で話していました。

人間が、この世に生命をもらった意味というのは、〈人格を磨く〉ということの一点だけです。人格を磨くというのは、経済的に成功するとか、社会的に地位や名誉を得るとかいうことではなくて、いかに自分の存在がたくさんの人から喜ばれるか、ということです。それが、魂の究極の目標なんです。

でももし、あのときに彼が「もう自転車屋なんて時代遅れでダメだ」って愚痴や泣き言を言ってたら、多分商売も立ちゆかなかったと思うんですけど「喜ばれる存在になりたい。お金のことは考えずに、ただ修理をやっていこう」って決めた。その決め方がとても美しいですよね。

そんな彼を見たときに、神さまだったら「絶対、味方したい」って思うんじゃないでしょうか。

もちろん、いい結果というのは、1回2回ではすぐには出てこないかもしれませんが、できる限り続けていたら、これまでとまったく違う世界の住人になるみたいです。「人生ってこんなに面白かったのか」って思うほどの醍醐《だいご》味《み》を味わえるようですね。

◎「人の為」は「偽り」

自分が喜ばれる存在になろうとして、自分がつらいのに人のために一所懸命やり続けているのを、「人の為」と書いて〝偽り〟と言います。そういうように漢字をつくっているみたいです。

「人の為」に自分を抑えて、一所懸命やっているのは偽りです。

本当に喜びを感じられる人というのは、人に何かをしてあげることで、結局は自分がその喜びや幸せを頂くという方程式に気づいてやり始めた人なんです。

頼まれごとをやってあげて、その結果「ありがとう」って言われたときに「あー本当に私は幸せだ、相手から〈ありがとう〉の一言を言われたときに、私はこれほどの幸せを感じるものなのか」っていう、その部分の幸せを自分自身が味わいたい。だから、やり続けていく、というのが本質でしょう。

マザー・テレサは、その域にまで到達していた人のようです。

マザー・テレサは、人からどのような評価を受けてもよかったんです。「あなたが1時間、アメリカやフランスの大統領と会談をすれば、1億ドルぐらいの融資が受けられるでしょう。だから、あなたはそんなところで患者の看護をしなくても、そういうのは全部後輩に任せて、あなたは世界の要人と会えばいいじゃないですか」ってずいぶん言われたんですね。

マザー・テレサは、そういうときにこう答えました。

「私は、ひとりでも多くの人を直接看護したいんです。もし、もう少し時間が許されるのならば、2人目の方の看護をしたいんです。もっと時間があるのなら3人目の方の看護をしたいんです」って。

本人がそれを希望していたんです。イヤイヤやらされていたのではなくて、やりたくて、やりたくてしょうがなかったんです。

しかもそれは、死にゆく人々を長生きさせるために看護をしていたのではなかったようです。

「つらく苦しい思いをしてきた患者が、その最も大切な瞬間、死を迎えるときに、人間として生命をもらってよかった、人生の最後に来て、温かい人の愛情や優しさに触れることができて本当に生まれてきてよかった、って言って死んでもらいたい。そのために私はひとりでも多くの人の看護をしたいんです」という内容のことを話されていました。

人間は、人に何かを頼まれて、それをやってあげて、その結果、笑顔でありがとうって感謝されたときに、本当に心の底から幸せを感じるものなんです。

そのコンビネーションで人生が成り立っているみたいです。マザー・テレサは、患者たちにたくさんの慈悲深い愛を与えましたが、それよりもずっと多くの、感謝にあふれた愛を患者たちから、与えてもらったのではないでしょうか。

◎牽引車の法則

私たちは、人の先頭に立って活動していくとか、使命感、正義感を持って生きていきましょう、と今まで教えられてきましたが、その人が中心となって、ボランティア活動なり社会運動なりを使命感を背負ってやっているうちは、なかなか広がりを見せません。

それをビジュアル的に言いますと、牽引車《けんいんしゃ》の列車が客車を何十両も引っぱっている状態。その人自身が牽引車になってしまっているんです。ところが、牽引車の力が強ければ強いほど、あとに続く客車としてついてくる人たちは、自分の動力のモーターを使わなくなってしまう。ただついていけばいいんだなって思ってしまう。

逆に、牽引車の力が弱ければ、客車ひとつひとつが自分の持っているモーターを動かしていかなければならないわけです。

その牽引車も、はじめは馬力があって情熱と使命に燃えて好きでやっているうちはまだいいんですけど、10年、15年、20年経つと疲れてしまうようで、もうダメだって思ったときは切り替えるとよいと思います。

それはどういうことかというと、徐々に牽引車から御神輿《おみこし》の側に変わっていくんです。御神輿というのは、いつも担ぎ手がいますよね。神輿に乗るというのは、「担がれる人になる」ということです。

運ばれていくだけのポジションになるということ。でも、その人が強い牽引車のときは、その人だけが活躍しているだけなので、なかなか広がりを見せないんだけど、その人が神輿として担がれるようになればなるほど、担ぎ手が増えていくわけですから、自然に運動は広がっていきます。でも、神輿というのは自分の意志だけでは動かないし、担ぎ手がいないと動かない。

じゃあ、担がれなかったらどうするんだ、運ばれていかなかったらどうすんだ、って思いますよね。そこが使命感というところなんですけど、使命感は持ってなくていいんです。それにもっと言えば、担がれなくてもかまわないわけです。

だって、自分が〝実践者〟として生きていくだけですから。運動を広げようとか世の中を変えようとか、共鳴者、共感者を増やそうとか、そういう使命感のようなものを背中にズッシリ背負う必要がないんです。

一所懸命、活動を広げようとかいうよりも、「私はバカやってるんですよね」って言って「それが楽で楽しいからこのように生きています」というようなポジションでいると、担ぎたいと思う人や真似《まね》る人がどうも現れてくるみたいです。

本当に、運動なりエネルギーなりを広げたいのだったら、牽引車ではなくて神輿になることの方がよさそうで、何より楽です。

それは、**伝えようと生きるのではなくて、ひたすら実践していって、その結果として担がれてしまう**ということです。そういう動きは自然に広まると思います。

マザー・テレサが生きているうちは、周りにたくさんの人が集まっていました。彼女は貧しい人々の介護を通して、そういう実践という形を通して、大きな影響を与えた。その結果として、マザー・テレサが死んだあとには、彼女の周りにいた人たちやボランティアをしていた人たちは、母国に戻って、それぞれがプチ・マザー・テレサになったんです。

逆に、マザー・テレサが亡くなったことで、その教えを受けた人たちはみんな散らばって、その遺志を継ぐようなことをやり始めました。

もちろん、マザー・テレサが亡くなったことを悲しむ人がいるけれども、肉体の死の悲しみを超えて、いかに生きていくかを考えた人たちもいました。

その結果、自分たちが祖国に帰って、それぞれが小さなマザー・テレサになったというのは、マザー・テレサがものすごく大きなものを残していったということではないでしょうか。

彼女が亡くなったあと、そういう広がりを見せたということは、そのやり方が本物だったからでしょう。

マザー・テレサは神の愛を伝える〈メッセンジャー〉であるとともに、ただひたすら実践者〈ジッセンジャー〉であり続けた人であった。

人が亡くなってその真価を問われるのは、いかに実践者として生きていたかということだと思います。

第5章

豊かさとお金

与えたものが受け取るもの

○

実践した人だけが知っている！
トイレ掃除をすれば、臨時収入が舞い込み
自分のことが好きになるという話

あるタレントが、以前、テレビでこう言ってました。

自分はくだらない番組をやっても視聴率が上がる。自分では面白いと思わないのに小説を書くと売れる。絵を描いてもいい絵だって評価されて美術館だとかに収蔵されたりする。映画も自分の楽しみのひとつとしてつくっていたら入賞してしまったり、グランプリで選ばれたりする。

自分としては、好き勝手にやってるだけで、人よりも才能があるとは思えない。でも、何をやっても全部評価されてしまう。

「おかしい」

よく考えてみても、自分の才能でそれらをやれるわけがない。ただ、心当たりは、たったひとつだけ、ある。

それは、若いころに師匠に「トイレをきれいに掃除しろ」と言われてから30年以上ずっとトイレ掃除をやり続けてきたこと。ロケに行ったときなどは、公園のトイレがグチャグチャでも自分が使ったあとは必ずきれいにする。ときには、隣のトイレまできれいにして出てくることもある。

もちろん掃除用具を持って歩いてるわけではないので、トイレットペーパーを使ってとか、あるいはトイレットペーパーがないトイレでは、素手でもやる。そういうのを30年以上ずーっとやり続けてきた。

今のような話を、テレビでたった一度しゃべってた人がいるんです。

その人の名は、北野武《きたのたけし》（ビートたけし）。

そこにだけ思い当たるふしがあるんだそうです。で、彼は今もトイレ掃除をやり続けてるそうです。

「自分は才能があるとは思わないのに、なぜかもてはやされる。何をやっても、それが評価を受けるのは、もしかしてトイレ掃除のせいかもしれない」と言っていた。

今の北野武の活躍を見れば、これはすごい話でしょう。なぜそうなのかはわかりませんけど、トイレ掃除には、すごい力があるようですね。

◎トイレ掃除で、うつが改善

トイレ掃除を続けていると臨時収入が入ってくるという話を私は、あちこちでしていますが、お金が入ってくるだけではなくて、心のメカニズムとして、非常に大きな幸せ感が

得られるようです。

「トイレ掃除は、やり始めるとなんだかとても嬉しく幸せな気分になりますね。こういうことをしている自分のことを素敵だなって思ったりします」と言う方もいました。

私は年2回、精神科の先生の主催で講演をするのですが、今、うつがすごく多いそうです。精神科に来る大半の患者さんが、うつだそうです。

現在では、うつの治療薬というのが開発されていまして、抗うつ剤と言います。これを飲み続けている間は、明るい気分でいられるんですけど、やめたら途端に暗い気分になってしまうらしい。

要するに、抗うつ剤を使って症状を改善するのは20年でも30年でもできるけれども、心の症状を根底から解決する、つまり、うつを治すということは精神科の先生でも、とても難しいそうなんです。

それほど大変な症状なんですが、これまで私の目の前にうつの患者が8人現れました。で、実は8人が8人とも全員、治ってしまいました。短い人は1週間、長い人でも3カ月です。

その方法論というのは、トイレ掃除をするということなんです。これは私なりに興味があったので、そのメカニズムを考えてみました。

で、こういうことではないかという推論があります。

自分で自分のことを好きになると、なぜか、うつって治るんですね。うつの人って自分のことが嫌いなのではないでしょうか。

「私なんかこの世に生まれてこなければよかったのに」とか「なんで私はここにいるのだろう」って思う心が、原因のひとつではないかと思います。

でも、その原因なんて考えなくていいから、今日、ただ今この場から、自分を嫌う心、自分を否定する心をなくせばいいんです。

人が自分で自分を好きになる重要なポイントというのは、結局どこで決まるかというと、いかにバカバカしいことをやれるかということに尽きるんです。そういうことをやってればやってるほど、人というのは、自分で自分のことが好きになるようです。

とにかくトイレ掃除をすると、うつが治るらしい。

その8人は、どうしてもうつから脱出したいと思ってる人たちだったので、すぐトイレ掃除をやり始めました。

で、8人が8人ともトイレ掃除をするときに、手をズボッと便器に突っ込んで掃除をしたそうです。そのズボッというのをやってると、自分を好きになるのと同時に自我がなくなっていくようですね。

それにトイレ掃除は、誰かが覗《のぞ》いていることはないから、必ず自分ひとりの作業ですよね。そうすると、誰かから評価されるためにやってるんではなく、自分がただひたすらやってるわけですから、そのピカピカにした作業の結果として、自分がとっても好きになるんじゃないでしょうか。

それは、次に使う人が気持ちよく使えるということで、喜ばれる存在になることの実践にもつながりますよね。

◎自分で自分が好きになる

ある曹洞宗《そうとうしゅう》の僧侶のお話なのですが、住職の資格をとるために2年間永平寺《えいへいじ》（福井県）で修行していたとき、トイレ掃除というのが一番重要視されたそうです。とにかく「トイレ掃除を一所懸命やりなさい」と言われた。

「どうして、トイレ掃除にそんなに力を入れるんですか」ってその僧侶は聞いたそうです。

そしたら「自我を捨てるため」と言われたそうです。**トイレ掃除をすると、どうも自我がなくなるらしい。**

この話を精神科の先生にお教えしましたら「トイレ掃除をすると、うつが治るということは衝撃的な話だったけれども、自分で自分のことが好きになるという点では確かにそうですし、本当に治ると思います。で、今日、小林さんのお話を聞いて、ある方向性が見えました」

私が、「どんな方向性ですか」って聞きましたら、「診療所の待合室が20畳ぐらいあるんですけど、これを全部小座敷にしてトイレを20個ぐらいつくろうかな」って言ってました。「でも、そしたら、みんな治ってしまうから、患者さん来なくなりますよ」《笑い》

トイレも自分自身もピッカピカに輝き始めるころには、臨時収入とともに今の自分が大好きになるという大きな幸福感も得られるようです。

トイレ掃除は損得勘定でかまわない

トイレ掃除による臨時収入で、今の時点で一番多い方が5000万円。その次が2800万円、続いて1600万円……とたくさんの方々から臨時収入が入ってきたという報告を受けていますから、事実としてものすごく力があるようです。

「じゃあ、そういう損得勘定でトイレ掃除をやってもいいのか、純粋な心でやらなくてもいいのか」ってよく聞かれますが「損得勘定があるからこそ、トイレ掃除ができるんじゃありませんか。純粋な心でなくて全然かまいません」と答えています。

もちろん、一般的に「トイレ掃除をしましょう」と提唱された場合、人格的に精神的にレベルの高い人だと、それは参加しやすいでしょう。

でも、心の中が邪心、下心に満ちあふれている人はなかなか参加がしにくい。100%純粋な心にならないといけないんじゃないか、って思ってしまう。

でも、小林正観が把握した宇宙の構造は、どうもそうじゃないみたいです。トイレ掃除の大切さは一緒なんですけど「邪心、下心、損得勘定100%でもかまわないから、とにかくトイレ掃除をやってみましょう」ということです。

そうすると、ものすごく面白い人生に変わるようです。

◎人生が「思いどおり」に展開した人の共通点

「現金が入ってくるだけではなくて、自分をとり囲む環境や状況、また、仕事面においても、思いどおりに展開していくように感じられる」という人に共通しているのは、トイレをピッカピカに掃除して、便座のフタを閉めている。それから、〈不平不満、愚痴、泣き言、悪口、文句〉を言っていないということです。

宇宙に対して恨みごと、憎しみごとを口にしていない。非難、攻撃、中傷をしていない。

いつも、ニコニコして自分が喜ばれる存在でありたいと思いながら生きている人たちです。

全員そうですね。

そういう基本があって、具体的にはトイレ掃除をして、便座のフタを閉めていると、どうもお金が入ってくるようです。

でも、すぐに入ってくるということは必ずしもないわけで、まあ、お金が必要なときには来るだろうし、ないときはないでいい、ってことなんですけどね。

宇宙を呪ったり、恨んだりせずに、楽しくやってる人には、どうも面白い人生展開が始まるらしい。この実例は、私たちをものすごく励ましてくれます。

◎楽しくやってると、お金が入ってくる

今までは、必死になって仕事で汗をかくという三次元的な働きかけがなければ、絶対にお金って入ってこないと思ってましたよね。

でも、宇宙が味方をしてくれる方法があるようです。小林正観は、確かに精神世界の研究家ですが、実証的な立場でものを考える人間です。ですから私の話は観念論ではなくて、すべて実証例、実例報告なんですね。

今では、まったく違う世界の住人になった、ある印刷会社の社長さんのお話です。

その会社は10人ぐらいの従業員を抱えているんだそうですが、それまでどんなに営業をしても、さっぱり仕事が入ってこない。売り上げがほとんどない月が3カ月ぐらい続いたそうです。

でも、従業員に対してとても優しい社長なので、リストラとかができなくて、そのうちなんとかなると思って、ずっとやってきたのだけど、ついに会社の預金が全部なくなるような事態になった。

これはもう、会社の倒産も含めて従業員の解雇もしょうがないと思って、そろそろ腹をくくるかという状態のときに、たまたま小林正観の講演会を聞く羽目になった。まっ、これもシナリオどおりなんですけれど。

で、「トイレ掃除をしてフタを閉めると、しばらくして臨時収入がある」という話を聞いて、そんなバカな話はないだろうと思いつつも、**仕事がない社長は、その翌日、朝から晩まで、ずーっとひとりでトイレ掃除を始めたんだそうです。**

一日に10回くらいトイレに入ったそうですね。それが10日ぐらい続いたころ、仕事をしていない10人の社員たちも「社長、どうもこのごろトイレが近いよね。それに一度入ったら20分ぐらい出てこないよね」って言い始めました。

ですから、この社長は10回入って20分は出てこないから、２００分、３時間以上もずーっとトイレ掃除をしてたんですね。で、社員たちは「なんか、おかしい」って思って「社長、体の具合でも悪いんですか」って聞いた。

社長は「実は、小林正観という変な人から、こんな話を聞いて、今売り上げが全然ないから、とりあえずトイレ掃除をしてみようと思ってやってるんだ」って言ったそうです。

そしたら、社員たちが「じゃあ、私たちもどうせ仕事がないからトイレ掃除を始めようか」って、10人全員がトイレをピッカピカに掃除してフタをパタッと閉めて……というのをやり始めたそうです。

10人がトイレ掃除を始めたものだから、トイレがなかなか空かないんだそうですね。いつ誰が入ってもピカピカで、ものすごくきれいにしたそうです。

で、**社長がトイレ掃除を始めて20日、社員が参加し始めて10日くらいたったところから突然に仕事が舞い込み始めたそうです。**

で、数カ月後、私は近くに講演会で行ったときに、その社長はお見えにならなかったので、主催者の方に尋ねると、こういう状況でした。

「あの社長さんが、小林さんにくれぐれもよろしくと言ってました。ものすごく感動して、人生がすごく感謝に満ちている。その感謝の言葉を伝えてくれって、言われました」

「じゃあ、またぜひお会いしたいですね」と言いましたら「小林さん、それがですね、今、社長は忙しくて忙しくて、従業員とともに午前1時、2時までずーっと印刷機を回してるんだそうです。もう講演会に出てこられないくらいずーっと忙しいんですって」。

今まで、いくら営業マンが回っても仕事が全然なくて、全員ギブアップしてたのに、トイレ掃除を始めたところから突然に仕事が舞い込み始めたんだそうです。

で、営業をしていないのにもかかわらず、前よりもはるかに忙しいんだそうです。それゆえに講演会に参加できないという、嬉しいような寂しいような話です。

◎トイレ掃除のメカニズム

トイレ掃除がどうして宇宙と結びついているのだろうか、とずっと思っていましたが、最近そのメカニズムがわかってきました。

宇宙のエネルギーと人との関係は、巨大なダム湖と導管によく似た構造になっています。

このダム湖には、宇宙から見て私たち人間が必要だと思うもの、欲しいと願うもの、ありとあらゆるエネルギーが蓄えられています。

ダム湖の下にある水の流出口につながる導管が私たち人間であり、いつでも好きなだけ水を取り出せるようになっているのですが、この導管の中にゴミがたくさん詰まっていると、本来いくらでも出てくるはずの水の流れを止めてしまうことになります。

この詰まらせているゴミは〝自我〟というものなんです。

つまり、この自我というゴミを取り除けば、上から無限の宇宙エネルギーが勝手に流れ込んできます。

「私」が元気になるもの、やる気になるもの、力や勇気が湧いてくるもの、励まされるものが、「私」にとっての〝エネルギー〟です。それはお金であったり、健康であったり、愛情、結婚運、友情、仕事など「私」を元気にしてくれるエネルギーすべてです。

では、導管が全開になってこのダム湖にあるエネルギーが勢いよく流れ出してくるために、私たちが具体的にどうすればいいかということですが、簡単なことです。導管に〝自我〟というゴミを詰まらせてるんですから、掃除すればいいんですよね。

トイレ掃除というのは、その影響力でいえば先頭に立っているようです。もちろん、トイレ以外にいろいろなところがあります。例えば、台所の水回り、お風呂場なども〝自我〟というゴミを取り除く掃除になります。

でも、人が嫌がってなかなかやらないトイレ掃除が一番効率がいいようです。一番上は、一番下と通じるのかも。

「ああしたい、こうしたい、こうでなければならない」って思って、我を張って自我で生きるよりも、もうすでに無限のエネルギーが上に蓄えられているのだから、導管を掃除していれば、あとはもう何も考えなくていいのかもしれません。望む望まないにかかわらず勝手に流れてくるようです。

私たちは、ただ、つながればいいだけなんです。自分が、自我でそのエネルギーの流れを止めてただけなんですね。宇宙と人とのエネルギーの関係は、どうもそういうメカニズムになっているようです。

臨時収入の話は、今のところ100例を超える実例報告を頂いていますので、これはぜひお勧めします。トイレの神さまに微笑《ほほえ》みかけられた人は、ご報告くださいね。

◎トイレ掃除と臨時収入

ある日ふと、こんな話を思いつきました。

消防署のように、すぐに行くぞという状態で待機している7人の神さまがいらっしゃるのではないか、と。

新しい家ができあがった、と聞くと、7人の神さまはすぐにその家に走っていく。ただ、昔からの方々なので車を使うわけではなく、自らの足で走っていくわけです。

最初に着いた神さまは最も人の目に触れて評価されやすい「応接間」の神さまになる。次の神さまは、立派なつくりの「玄関」がかっこいいと思い、ここを担当します。

3番目の神さまは「居間」でしょうか。大きなテレビがありますから。4番目に到着した神さまは「寝室」を選びます。

5番目以降の神さまには「台所」と「風呂」と「トイレ」しか残っていない。「汚れを落とす」風呂よりは「おいしいものをつくる」場である「台所」の方がよりよいと思い、5番目に到着した神さまは「台所」を選びそうな気がします。この方は「カマドの神」でもあるのでしょう。6番目の神さまは「汚れを落とす」お風呂を選びそうです。洗面所もこの方の担当でしょうか。

そして7番目の神さま。

この方は何よりも、歩くのが遅いらしいのです。そのわけは、大きな重い袋を背負っているから。

大きな重い袋の中には、金銀財宝がギッシリ詰まっています。サンタクロースのような方らしいのです。そのゆえに、走ることはもとより、速く歩くことさえままなりません。ふうふう言いながら、やっと新築の家にたどり着いたら、先着6名の神さまは、すでに自分の担当場所をすべて決めていました。最後まで残っていたのはトイレでした。

それで、**金銀財宝の袋を背負ったこの7番目の神さまは、いつもトイレの担当になるようです。**

その神さまの名は「うすしま（別名うすさま）明王《みょうおう》さま」と言います。

トイレをきれいにしていると、どうもこの「うすしま明王さま」が、金銀財宝の一部を、少しずつ下さるようなのです。

便器をピカピカに磨き、フタを閉めて、というのを続けていると、なぜか臨時収入があるようです。

この話（トイレをきれいにしていると臨時収入がある）をし始めて数年、その間に何百例の報告を頂きました。報告されたものの中で最も大きいのは５０００万円。次が２８００万円。次が１６００万円。次が１３００万円。数十万円の例は数えきれないほどです。

ですから、どうも「気のせい」ではなく、「本当にそうなっている」らしい。

「では、損得勘定でトイレ掃除をしてもいいんですか」という方がおられますが、まさにそれこそ、損得勘定だからこそ、続けることができるのです。「純粋な心」になるのを待っていたら、何十年先か何百年先になるかわかりません。

「うすしま明王さま、ありがとうございます」と手書きの紙をトイレ内に貼り、便器をピカピカに磨きながら「おん　くろだのう　うんじゃく　そわか」という「トイレの真言《しんごん》(うすしま明王さまの真言)」を唱えると、効果はより高まるようです。

「そんなバカな」と一笑に付すのもよし。

しかし、この話は「お金がかからない」話です。やってみてから結論を出すのも、楽しいのではないでしょうか。

◎臨時収入があったとき、チェックされること

不平不満を言わずにずーっとトイレ掃除をし続けた結果、さあ、実際にお金が入ってきました。と、そのときにもう一度、神さまから問われるようです。

人間は3カ所、人格をチェックするポイントがあるんです。

①車のハンドルを握ったとき
②お酒を飲んだとき
③お金と権力を手に入れたとき、です。
ハンドルを握ることはできるし、お酒を飲むこともすぐにできるけれども、お金と権力は、なかなか持てないですよね。で、**お金を持たされたときに自分の人格、生活がどう変わるかを、そこでチェックされるようです。**

ハンドルを握ったら、荒っぽくなる人がいる。お酒を飲んで荒れる人がいる。そういう傾向の人が、お金と権力を手に入れたら、必ず威張るようになるみたいです。

そうした傾向は、ひとつだけということはありません。ひとつ出て、2つ目は出ないというのではなくて、ひとつ出る人は、必ず3つ出るようです。要するに3つとも出ないか、3つとも出るかです。

もし、自分の中に、ハンドルを握って横柄になったり、お酒を飲んで荒れたりするような傾向があるとしたら、今から早めにやめておいた方がいいですね。

お金も〝意思〟を持っている

で、皆さん、これからお金持ちになる前に知っておくとためになる話をします。

ドラマで、お金持ちの家を演出するときと、貧乏な人の家を演出するのとでは、その仕方が違うんだそうです。

どういうふうに違うのかというと、お金持ちの家はものを置かないんです。シンプル。でも、貧乏な人の家はゴタゴタとものをたくさん置きます。それが演出。

なんにも置いてなくてシンプルなのがお金持ちの家なんだそうです。そこでドラマを演ずると、お金持ちの家でやってるように見えるし、一方、グチャグチャ、ゴタゴタの状態で会話してると、貧乏な人の家で演じてるように見えるんだそうです。これは、ドラマづくりの基本だそうです。私なんか貧乏人の最たるもんですね《笑い》。

本当のお金持ちというのは、ものをたくさん買うというよりも、いつどのようにお金を使うかを一所懸命考えてる人たちです。どのように使えば、周りの人に喜ばれるかをいつも考えてる人たちなんです。

その結果として、周りの人たちは「その人にずっと富を蓄えてもらいたい」って思うことになる。そこに、嫉《ねた》み、嫉妬という感情は起きないでしょう。

お金を貯《た》め込んでいかに自分がいい思いをするか、というのではなくて、周りの人たちにいかに喜ばれる存在になるかをいつも考えていて、富を蓄えてる人は、お金が向こうから勝手にやってくるようです。

どうも、お金というのは〝意思〟を持っているらしい。

地球上のすべてのものは、喜ばれたいと思って存在しています。お金自身も、喜ばれたいと思っているみたいです。喜ばれる使い方をしてくれる人がいると、自らの意思で、その人のところに行きたがる。そこに参加をしたいらしい。

でも、お金が入ってきたときに「じゃあ、車を買い替えよう」とか「海外旅行に行こう」とか、そういうふうに自分をいかに楽しませるか、自分がいかに物質的に満足するかだけの観点でお金を使う人のところには、どうもお金は、集まりたくないみたいです。

お金自身が、一番嫌がる使われ方はギャンブルだそうです。一獲千金を狙うお金の使われ方は、すごく嫌がるらしい。

2つ目は、お金が入ったときに、生活が派手になる。贅沢《ぜいたく》、華美というのもお金はすごく嫌がるそうです。

3つ目は、貯め込まれることです。

水とお金は流さないと腐ると言いますね。だから、お金の流れをとどまらせない。「じゃあ、お金が貯まったら使いましょう」と言う方がいますが、それは逆。先に喜ばれることに使う。出すことによって初めてお金が入ってきて、流れがよくなるようです。

先に〝施し〟をする

もうひとつ話をしますと、2500年前にお釈迦さまが托鉢《たくはつ》というのを初めて考えました。お釈迦さまの仏教教団というのは1250人が竹林の中で合宿生活をしていたんですね。

そこに、お釈迦さまを信奉する者たちが在家信者として、いろいろな食べ物や野菜などを持ち寄ってきていたんです。でも、お釈迦さまは神さまではなくて、難しい質問をされると「ちょっと待ってください。神さまに聞いてみます」と言って、いつも瞑想する人だった。だから、いつも神とともにいた人だったんですね。

あるときに、お釈迦さまが突然、神からのインスピレーションを受けて、弟子たちにこう言いました。

「明日から托鉢というものをやりたいと思う。みんなでお椀《わん》を持って托鉢に回ろう。だから、どこかでお椀を手に入れるように」っていう話をして、その日は、お椀を手に入れるための托鉢に回ったんです。

翌朝、実際に回る前に、お釈迦さまはこう言った。

「そういえば、言い忘れていたけれども、ひとつ重要なポイントがある。托鉢をするときに、金持ちの家を回ってはならない。金持ちの家から、お金を頂いてはならない。貧しい人々の家を回って托鉢をしてきなさい」

弟子たちは非常に驚いて「お師匠さま、それは言い間違いですよね。今、頭の中にあるものが2つあって、それが、逆さになって言葉に出てきたんですよね。貧しい人々の家を回ってはならない、金持ちの家を回りなさい、と言いたかったのを、たまたま、お師匠さまは間違えて言ったんですよね」と聞いた。

お釈迦さまは「間違って言ったのではない。もう一度言う。金持ちの家を回ってはならない。貧しい人々の家を回りなさい。それで托鉢をしてきなさい」と言った。

弟子たちは、非常に不思議がって「なぜですか。お師匠さま、教えてください」。

で、お釈迦さまはこう言った。「貧しい人々というのは、自分が貧しいので人に施しができないと思い、今まで施しをしてこなかった人々だ。そのために苦しんでいる。その貧しさの苦海から救ってあげるために托鉢行というものに出かけていくのです」。

この話、ショックじゃないですか。

自分には施しをする力がないから、財力がないから、施しができない、と思ってしてこなかった人は、しなかったがゆえに、実は財が入ってこなかった。

「自分にゆとりがあったら、施しができるのに」と思ってるのは、どうも宇宙の構造としては少し違うようです。

〈先に施しありき〉。まず先に人に喜ばれるように、「私」ができる限りのことをする、ということです。

◎返ってくるのは、倍返し

よく駅前などで托鉢行をしてらっしゃる僧侶の方がいますが、私たちがお金を持っていって入れると、托鉢行の僧は「ありがとうございます」とは言わずに、お経を唱えて、チリーンと鳴らして合掌して終わりです。

それを見て「お金を入れてあげたのに、ありがとうございますと言わないじゃないか」と言うのは、自分の未熟さなんです。チャリーンとお金を入れた側の自分が「ありがとうございました」と言うのが正しい作法です。

「私」のお金を正しく美しく使ってもらうために、生活に差し障りのないお金を持っていって、喜んでさせていただく。その施しをすることで、どこかからご褒美を頂くというのが〈喜捨《きしゃ》〉ということの意味なんですね。

托鉢行をされてる方というのは、お金をもらいに来てるんではなくて、もらってあげようとして来ている。施しをさせに来ている。わざわざそのために出向いて来てくださってるんです。

そうした因果関係がわかってくると、チャリーンとお金を入れて、こちらの方から「ありがとうございました」って言って、帰ることができるようになる。

お金が余っているから喜捨をするのではなくて、先に、生活に差し障りのないお金やこれがなくても大丈夫というものを出すと、それが喜ばれる形で使われた結果として、自分のところに返ってくるようになっているらしい。

「ゆとりがあったら、施しができるのに」と思ってるゆとりのない人は、施しをしてないがゆえに、ゆとりがないんだということになります。

それは金額の問題ではなくて、人に対して1割でもいい。例えば1万円の1割だと1000円で、1000円の1割は100円だけれども、あまりゆとりのない人が1000円のうちの100円を出す。その100円というのは、神から見るととても素晴らしいものではないでしょうか。決して金額の問題ではない。気持ちの問題なんですよ。

自分が置かれている状況よりも、もっと困っている人がいるかもしれないから、少しでも役に立ててほしい、と思ってお金を使うと、それを見守っている神さまは倍にして返してくれるようです。

投げかけたものが返ってくる。返ってくるのは倍返しで返ってきます。これも宇宙の摂理、方程式ですが、愛情を投げかけると2倍で愛情が返ってきますが、憎しみを投げかけると憎しみが2倍になって返ってきます。

不平不満や人の悪口を5分間、宇宙に向かって言うと、言った人を題材にして、不平不満や悪口というものが世界のどこかで2倍の10分間必ず言われます。でも、他人のよいところを称賛して1時間しゃべると、自分もどこかで必ず倍の2時間称賛されます。

プラスもマイナスも必ず倍返しです。
神さまというのは、とても律儀な方のようですね。

お金は、誰のもの？

頼まれごとを引き受けていくと、だいたい3つにひとつは有料のものになります。
有料のとき「いえ、そんなつもりではなかったので……」と報酬を断ることを〝傲慢〟と言います。「ありがとうございます。預からせていただきます」と受け取るのを〝謙虚〟と言います。

なぜそれを〝傲慢〟と呼ぶかと言うと、そのお金（報酬）を、「私のもの」と思う心があるからです。お金は「宇宙のもの」「地球のもの」「人類のもの」であって、「自分のもの」ではありません。

私は旅行作家ですので、全国各地いろいろと旅をするわけですが、行列ができるおいしいお店というところには並んでまで入ることはしないんですね。どちらかというと、人のいない寂れたお店に喜んで入っていくわけですけど、今までおいしくないものを食べたことはありません。それに並んでまでおいしいものを食べようとすることって、よーく考えてみると自我なんですね。

お金は自分のものだと思って使うと自我になりますが、もうひとつの使い方があるんです。

それが、**お金自身が喜んでくれる使い方**です。

例えば、一日1000人入るラーメン屋さんに入って食べると、その人が使ったお金は1000分の1の貢献度ですが、一日3人しか入らないお店で使うと、そのお金は3分の1も貢献しているわけです。同時にそうやって使われたお金は、お店の人が喜ぶだけではなく、お金自身もすごく喜んでるんじゃないだろうか。

本来、お金というのはひとつのエネルギーの形であって、自分のところに貯めるのではなくて、流していくもの、ただ通過していくものとして考えるんです。だから「ツウカ」「通貨」と呼ぶわけです。

さらに、目の前に、絵を描いている人がいるとする。その人にお金を出して絵を描いてもらう。その数万円は喜ばれる。〝生きる〟わけです。音楽家としてやっている人がいたら、何人か集めてミニコンサートを開く。そして、その音楽家に報酬を払う。そのお金も喜ばれる。〝生きる〟。陶芸をやろうという人に、陶器を頼む。そしてお金を払う。それでまた喜ばれる。お金が〝生きる〟わけです。

そのように、喜んでくれる立場の人にお金を使う。そのために「私」にお金が来るのです。

第6章

結婚生活と恋愛

価値観の違いを超えて

○

相手を変えようとしないで、
丸ごと全部受けとめること
この人は、このままでいいと思えたら
その瞬間から、人間関係の悩みや
ストレスはなくなるんです

もし、100%の人が自分を評価してくれて「あなたの言うことは、すべて正しい。素晴らしい人だ」と言われると、人は鼻高々になってしまい、傲慢になって、相手にされなくなります。

でも、100%の人から「お前はダメな奴だ。お前のやってることは全部間違ってる」って言われると、その人は自信を喪失して、やる気を失って、閉じこもって、外に出てこなくなるんですね。

人間を成長させるために、どういうふうにプログラムを組んだら、一番効率よく成長できるかというと、**〈50%の温かく優しい言葉と、50%の冷たく厳しい言葉〉**なんです。

すべての人がそのようになっています。誰ひとりとして例外はありません。人に対する評価は、必ず50対50の言葉に分かれるようになっています。

でも、完全主義の人はこう考えますよね。「100%の人から好かれたい。誰からも嫌われたくない。誰からもイヤな言葉を受けたくない」。

ところが、宇宙の構造としての事実を言いますと、半分の支援者に対して半分の批判者、つまり、温かい言葉が半分、そして冷たい言葉が半分というしくみになっているんですね。

◎近くにいる手厳しい批判者

ほとんどの場合、人数的に半々なんですが、ときには人数にするとちょうど半々というのではなくて、99対1ぐらいの偏りがある場合があります。つまり99人が誉《ほ》めてくれて、ひとりだけしか批判者がいないっていう場合もあるってことです。

しかし安心してください。このひとりの批判者がものすごく手厳しいですから。99人分の批判的な意見と厳しく冷たい言葉を用意して、その99人分のエネルギーでもって、このひとりが待ち受けてるわけです。

で、このひとりが往々にして〝妻〟という名の存在だったり〝夫〟という名の存在であったりしますね。

なぜかというと、職場でとても温かく心地よい状態で仕事ができたり、社会生活ができたりする人は、外《そと》の99人が好意的ですから、どうしてもどこかにひとりの批判的な人がいなくてはいけないんです。

外《そと》の99人が温かくて、穏やかで、優しければ優しいほど、その分を全部引き受けてバランスさせる批判的な人が必要なわけで、しかもいつも自分の近くにいる必要があるわけですから、往々にして、妻という名の、夫という名の、子供という名の、舅《しゅうと》という名の、姑《しゅうとめ》という名の身近にいる存在の人が、その役目を買って出ている場合があります。

逆に、外《そと》の世界で、例えば仕事でめちゃくちゃに大変な思いをしている人というのは、家庭の中では、とても温かい状態で迎えられているようです。**外に出ると非常につらい状況である人ほど、家庭は、安らぎに満ちており、子供との間でも、その人を支えるような関係になっています。**

宇宙の構造は、そういう設計図になっているようです。だから、そこでバランスがとれているということに気がつくと問題はないんですね。いつの時代も必ず50対50になっている。

人数が99対1になるということもありますけど、そのエネルギーの大きさ、強さでいうと、ちょうど50対50になっています。

一生涯で自分が喜びとして味わう総量と自分がつらいと思う総量は同じようになっていて、人間は、必ずその両方を体験し、**50対50のバランスの上で成長するようになっているようです。**

夫婦は自分と価値観がよく似た人がいい？

夫婦というのは、人格を磨き合うための一番身近な存在として、一番磨いてくれる人と必ず一緒になるようです。そのように、すごく強いエネルギーを持って待機しているひとりとも知らずに、互いに惹かれ合って結婚という状況に往々にしてなるわけです。

どうして家族になって一緒に住んでいるのかと言うと、一番手厳しい言い方をする人が他人なら、私たちは遠ざけることもできるし、顔を合わせないようにすることだって簡単にできます。でもそうすると、手厳しい批判者は、それっきり関わらなくなるでしょう。ところが、妻だとか、夫だとか、あるいは親、舅、姑、自分の子供とか兄弟という立場に置いておくと、なかなか簡単には縁を切って逃れることができませんよね。だからこそ、その批判者としての存在にものすごく価値が出てくるわけなんです。

愛情は3年しかもたない

で、一緒になったその日から、実は人格を磨く〈配偶者という名の砥石《といし》〉を持った、ということに気がつきます。

でも、とりあえず、すぐに別れないでいられるのは、愛情というもので結びついているからなんですが、愛情というのはどうも3年で消えてしまうものらしい。

詳しく言いますと、類人猿——オランウータンとかチンパンジーなどの霊長類——ですね。それらの恋愛感情というのは、動物生態学者が長年研究してきた結果、3年で終わるそうなんです。霊長類の愛情は3年までしかもたないんだそうです。人間の愛情もどうも3年で潰《つい》えるらしい。

でも、結婚後3年以降、実際に20年とか30年とかそれ以上続いている夫婦がいますよね。この人たちは、なぜそんなに長く続くかというと、それは、3年の間に**愛情という概念以外の概念をつくり上げることができたんですね。**

その愛情以外の概念というのは、何かというと〝尊敬〟という概念なんです。

普通は、結婚すると周りから「ゴールインだね」「よかったですね」って言われますが、実は結婚したその瞬間から〈執行猶予3年〉が始まるんです。なんと裁判での執行猶予3年というのは、見事に人間社会にあてはまるようですね。

その執行猶予3年の間に、愛情以上の価値観を夫婦の間につくり上げることが結婚生活なんです。

◎いつまでも愛し愛されるのは無理？

最初は、愛情で結ばれた3年間というのがあるんですけど、愛情を永遠のものだと思って勘違いして、その愛情だけに寄りかかっていると、どうも3年で破綻をきたすらしい。「私は絶対にいつまでもこの人を愛し続けよう」と思っても、その気持ちは3年でしぼんでしまう。同じように「永遠にこの人から私は愛され続ける」という自信を持っていても、動物学的にはどうも3年で終わってしまうようです。

でも、この人を嫌いにならない猶予期間が3年あるのなら、その3年の間に〝尊敬〟という概念をお互いにつくり上げることができると「この人とずっと一緒にいたい」って思うようになるんです。

それは、相手の中に尊敬できる箇所を見いだすということも大切ですが、自分の中に相手から尊敬されるものをつくるというふうに考えた方が、よりよいと思います。

それは夫婦の関係だけではなく、親子の関係もそうなんですよ。

子供は常に、親に対して愛情を感じる方向では来てるけれども、親が尊敬できないような親だったら、必ず子供はそっぽを向いてしまいます。

親だからえらいのではなくて、親だから言うことを聞いてもらえるのではなくて、子供から尊敬される親になることが目指す方向でしょう。

〝尊敬〟されるということで言えば、絶対的に必要なものがあります。

それは〝実践〟ということなんですね。

小林家は、結婚して20年以上経つんですけど、ほとんどケンカしない。なぜケンカをしないかというと、お互いが尊敬し合っている。いつも実践している姿を知っているからなんですね。ま、私の勘違いかもしれませんが《笑い》。

「そんなに素晴らしい奥さんなんですか」って？　そういう意味ではありませんよ《笑い》。普通の奥さんです。でも、私は、常に相手のよい面を見つけられる訓練をしていますから、だから互いに尊敬できるのでしょうね。

◎妻のよいところを挙げてみる

私は、妻のよいところを200カ所も挙げることができます。20年ずーっと、そういう目で見てきましたから。「とってもよい奥さんなんですか」って？　必ずしもそうではないです。普通の妻です。

大事なことは、**よいところを見る練習をする**ってことなんです。

例えば、まったく些細なことかもしれないけど、子供の学習塾とか通信教育や教材だとか家庭教師の斡旋《あっせん》だとかで、教育関係のいろんな業者から勧誘の電話なんかがありますよね。そういうときに、私が電話に出た場合は「要りません」って言って「そこのリストから小林家を削除しといてください」って私は言うんですね。

ところが、妻は「えー、はい。わかりましたけれども、うちは今のところそういう必要がなくて、あのー、大変お手数おかけしますが、けっこうですので……」って非常に丁寧な言い方をしていますね。

私みたいに「リストを削れ」とか言わないですね。何回電話がかかってきても同じように丁寧に断ってますね。電話に向かって頭下げて。その辺は、私にはないものですね。

このように、私たちにとっては、あまり好ましくないようなしつこい勧誘の電話でさえも1回ずつ丁寧に応対してるっていう、なんか妙なところがありますね。

で、妻曰《いわ》く「私は、どんな人に対しても常に同じ態度で接するんだ」って。

それは、やっぱりよいところだと思いますし、相手に不愉快な思いをさせないってことでは、すごいところだなーって思ってます。

そういうふうに相手の素晴らしいところ、社会のよいところ、宇宙の楽しさというものを自分の中で見いだす訓練ができるようになると、あれこれと批判、論評しなくなりますし、お互いの違いを尊重し、認め合うことができるようになりますね。

◎結婚とは、相手との違いを認めること

皆さんは、結婚というものをどうして「夫婦とは同じ価値観、同じ方向性の方がいいんだ」というふうに思い込んでしまったのでしょう。魂のレベルで勉強していくと、結婚するということは、相手にはこういう個性があって、自分とは違うものを持ってるんだ、というのを認めることなんです。

相手に〈どう変わってもらいたいか〉ではなくて、「私」がその人のことを〈ただ受け入れるだけ〉です。この人は、そういう個性的な人であること、そういう価値観を持っているということを認められるかどうかなんです。

目の前の夫、あるいは目の前の妻を自分の思うようにつくり替えようと思ってる人は、ずーっとつらいんですね。だって、そうはなりませんから。

言って、思いどおりになる人であれば、まったくストレスにはならないわけです。自分がイライラしたり、ストレスを感じたりするのは、相手が簡単に変わらないからですよね。

相手を受け入れて喜ぶ

ところが、簡単に人を変える方法があります。

それは、実は、人を変えないことなんですよ。この人を変えようと思ってる間は、自分の悩み、苦しみ、苦悩、煩悩は永久に続くでしょう。でも、相手を変えるのではなくて、相手の存在を丸ごと全部受けとめること、「私」がこの人にどう対処するかだけを考えるんです。

「この人は、このままでいい」って思い切ることができたら、その瞬間から自分の悩みやストレスはなくなります。

でも自分の周りの現象に対して「あーしたい、こう変えたい」って、自分の価値観を押しつけようとしたときに、実は自分が一番苦しむんですね。

じゃあ、どうすればいい？

「私」をとり囲んでいる状況、環境を全部受け入れて、そのままの状態を「私」が喜ぶ――喜べる「私」になるだけ――。人をどうこうするのではないんです。

「私」がその現象を、その人間関係を、どう受け入れて、どう対処していくかということだけを考えていくと、何よりも本人にとって、楽しい日々が始まるんです。

これまでお話ししましたように、もともと夫婦というのは、完全に考え方が一緒なのではなくて「いかに違いを認め合って折り合うことができるか」を学ぶ最高のパートナーなのですから。

◎夫婦の「ほどよい距離感」

面白い統計的なお話をしましょう。

離婚率が一番低い職業というのをご存じでしょうか。それは船員さん、船乗りさんなんです。夫婦で一緒にいる時間が最も少ない人たち。実はその人たちが離婚率が一番低いということなんですね。

それを考えると夫婦関係というのは、どうあれば良好で、どうあれば険悪になるか、だいたい推定できますね。

一緒にいる時間が長ければ長いほど問題が発生するようで、ここが非常に大きなポイントです。

一緒にいる時間が長いほど相手のあら探しをしたり、甘えてしまったりする。それから、相手を試そうともします。どのくらい愛情が豊かなのか、どれほど自分を受け入れてくれるのか、一所懸命試そうとするんですね。

でも例えば、3カ月ぶりに、船乗りである夫が帰ってきて、10日後にはまた出ていくということを考えたときに、その10日間はやはり心地よく過ごしてもらいたい、って妻の立場としては考えるでしょう。

夫の方も、イヤな気分でまた3カ月間出ていきたくはないから、そこで威張ったり、怒鳴ったりしないで、なるべくよいコミュニケーションを保ったまま家庭で過ごして出ていこうと思うでしょう。

そういう心の作用があって初めて、人間関係が成り立つんです。放っておいてそのまま家庭なり人間関係が推移していくのではなくて、必ず、両方がお互いに常に気を配っていることが重要なんですね。

ケンカをしないのが大人

で、小林家の場合は結婚する前にこういう話をしました。

「ケンカというものは、売る側がいて買う側がいるから、初めてそこでケンカが成り立つ。私は売ることもしないし買うこともしない。だから、そちらも、売ることもしないし買うこともしない、と決心してほしい」

それによって、結婚が成立したとして、そこから家庭生活が始まるわけですが、そうすると関所が4つあるんですね。

私は、売るのと買うのと両方を慎み、妻の方も両方しないようにすることで、4カ所チェックポイントがあるから、ケンカは起きにくくなる。

もし、言いたいことがあるときは、お互いに意見を主張すればいいのですが、それは笑顔で言えばいいことであって、ケンカをする必要はないんですね。大人になるということはケンカをしないということですから。

さらに、家庭のことで言いますと、同じ言葉を他人から言われたときに、怒らないで踏みとどまることができるにもかかわらず、同じ言葉を妻から言われるとものすごく腹を立てて爆発してしまう夫がいます。また、同じ言葉を他人から言われても怒らないけれども、夫から言われるとキレてしまう妻がいます。

それは、どういうことかと言うと、外では踏みとどまる能力があるにもかかわらず、家庭では踏みとどまらないということなんですね。〈踏みとどまれない〉のではなくて、〈踏みとどまらない〉んです。これを一言で言いますと、〝幼児性〟です。

結婚はなんのために存在するのか。

実は、〝幼児性の克服〟のためにも結婚というものが存在するんです。家庭を持って、妻に対して夫に対して、あるいは子供に対して、「私」が気に入らなくて爆発する、その「私」の〝幼児性〟を是正するために結婚というものがあり、家庭というものが存在します。

家庭というものは、ただ自分の思いを通すための甘える場所でも、ストレスを発散させる場所でもありません。幼児性を削っていって大人になっていく作業として、結婚があり、家庭が存在するということなんです。

では、もうひとつ、夫婦に関しての有名なお話です。

ギリシャの哲学者・ソクラテスの奥さんというのは、悪妻で有名だったんですけれども、ソクラテスは、弟子からお金をとらずに無料で説法をしていたため、収入がありませんでした。で、妻は働いていたので、妻の方が非常に強気だった。

で、ソクラテスが説法を終えて、午前1時、2時ごろに帰ってくると、玄関のドアは閉められている。それからどうなるかと言いますと、妻が2階の窓を開けて、上からザーッと水をかける。水をかけられるたびに、一緒に送ってきた弟子たちがとても憤慨していた。そんな毎日だったそうです。

「なぜ、あなたほどの人格者が、あんなひどい妻を娶《めと》っているんですか。もっと優しい人を妻にすればいいでしょう」と弟子たちは不思議がった。

するとソクラテスは、こう言ったそうです。

「優しい女を妻に娶った男は、世界一の幸せ者になれる。あーいうきつい女を娶った男は、世界一の哲学者になれる」

そして、確かにソクラテスは世界一の哲学者になった。皆さん、もし哲学者になりたいのでしたら、決して優しい妻を娶ることはありません。

なぜ、小林正観は人生をこのように哲学的に語れるようになったか、想像できますか?

《爆笑》

◎結婚相手は、いつ現れるのか

私は、唯物論の人間でありながら宇宙の法理・法則を見つめてきた結果、人間は生まれながらにして、人生のシナリオを書いてきて、どうも人生とは全部決まっているらしいという結論に到達しました。

人生が決まっているということを考えたときに「じゃあ、結婚相手のことは、もう考えてもあまり意味がないということですか」と聞かれますが、そうなんです。そういう結論になります。

だから今、適齢期の娘さんをお持ちの方は「いい人を見つけて早く結婚しなさい」とか言うのを今日からは、もう一切やめましょう。せっかく、娘とともに過ごしている大切な日々をそういう会話で親子が行き違いを起こしたり、気持ちが通じ合わなくなったりするのはもったいないと思います。

だって、そういうことを言い合うのは無意味なんですよ。結婚するシナリオの人はするし、しない人はしないんです。しない人は、家庭という名の砥石が要らないってことで、その他の部分、例えば職場や友人との人間関係において人格を磨くということですから、そのエネルギーは全部一緒なんです。

人間が成長する、向上するという点においては、結婚することもしないことも同じですから、結婚を焦る必要はないんです。

だって、結婚するシナリオの人は、もう相手も決まってるんですから、放っといても向こうから勝手に現れてきますから。

20代、30代の女性で、結婚の話題でずーっと時間を費やしてる人がいますが、私の恋愛、私の恋人とかいう会話よりも、先日読んだ本でこういうことが書いてあったとかいう会話の方が素敵ですし、そういう女性の方が魅力的だと思います。

結婚のことを考えてはいけないとは言いませんが、とりあえず、自分の頭の中で結婚とか恋愛とかを考える割合は、5%ぐらいにしておきましょう。

で、あと95%は、いろんな本を読んで勉強したり、多くの人に会って話を聞いたりするというふうに切り替えるといいですね。

で、これを踏まえた上で、これから、めちゃくちゃにモテる人になる方法というのをお教えしておきます。一応独身の人用なんですが、オールマイティーに使えます。

◎モテる人になる方法

図1のように三角形があります。三角形の底辺中央位置(Dの位置)に女性の〝私〟がいるとします。そして、Cの相手に近寄りたいと思っているとします。

〝私〟が彼に歩み寄ろうとしてaのように横に向かっていこうとします。もし、彼がバイクが好きな人だったら、〝私〟もバイクの免許をとって彼に近づくという方法です。

でも、その横に向かうエネルギーがあったら、そのエネルギー分を上に登っていく方向bの方に使う。すなわち、**彼に近づいていくのではなくて、自分を高める方向に使うんです。**

そうすると、もっと上にいるレベルの高いEの彼が向こうから勝手に近づいてきて、そのEの彼との距離が短くなります。誤解のないように言っておきますが、「レベルが高い」というのは、高収入で高学歴というようなことではありません。人格レベルのことです。

で、このレベルにあるEの男性ともう少し親密になりたい、近寄りたいと思って、横に行くエネルギーを、また上に行くエネルギーcの方に使うんです。そうすると、もっとレベルの高い男性Fが向こうから勝手に近寄ってきている。

〝私〟は、上に登っただけなのに、気がついたら男性が勝手に近寄ってきていた、という

図1

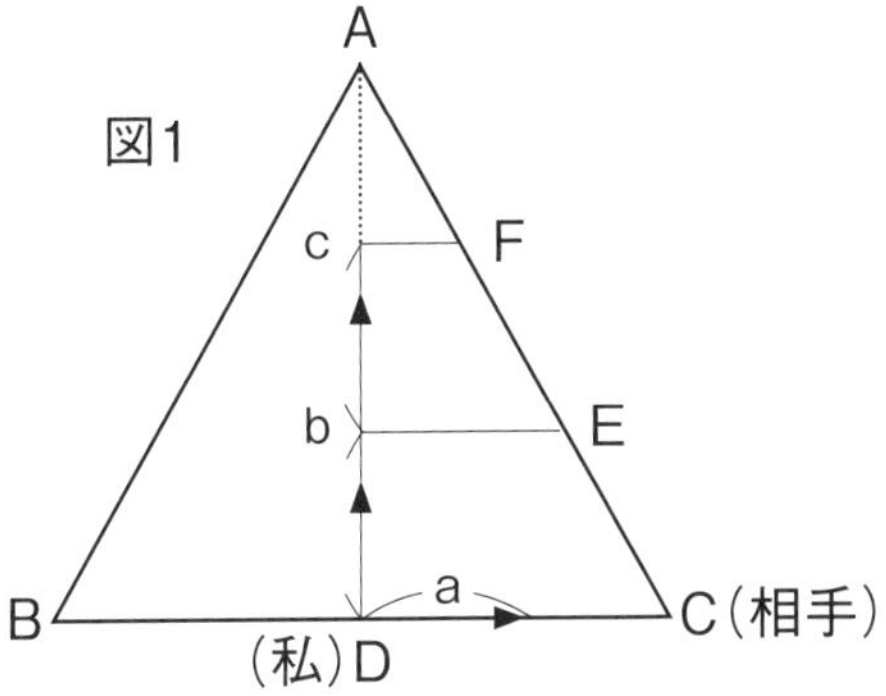

わけです。この人に好かれたいと思って行動するエネルギーを上に行くエネルギーに使うと、より近いところにもっとレベルの高いすごい男性が待っていて、出会う男性が、だんだんとすごい男性にレベルアップしていくんですね。

でも、Cの人に好かれようと思ってる間は、ずーっと〝私〟はDの位置でさまよってるだけでしょう。ですから、モテる人になるオールマイティーな方法は、**この人に好かれたいって思ってその人の趣味に合わせるというよりも、ただひたすら自分が勉強をして、すごく面白い人になるということです。**

例えば、彼が青い服が好きだっていうと、クローゼットの中が全部青になってしまう人がいますね。赤い服が好きだっていうと、全部赤い服になってしまう人がいます。すべて、彼の好みの色に変わってしまうというやり方よりも、自分なりにファッションの勉強をしてみたらどうでしょう。

英国のファッションでトラッドというのがありますね。そのトラッドの着こなしについて3つのポイントを挙げなさいって言われて、挙げられますか。

簡単に説明しますと、ひとつは、色が少なければ少ないほどいい。で、黒1色とか白1色というのが一番フォーマルな装いなんですね。多色にしたとしても2色まで。どうしてもというのなら3色まで。

　一回に身につける色は3色まで、というのがトラッドの色の基本なんですね。日常的には2色。色をとにかく少なくすることが、英国のトラッド（伝統的）なファッションなんです。

　ファッションの勉強をすると、色をいかに少なく抑えて、着こなすことができるかがセンスのよさであることに気づきます。

　2つ目は、皮製品を全部同じ色と同じ素材でまとめるということですね。腕時計とベルトと靴が同じ色でコーディネイトされている、というように。

　それから、スカートの丈は、足が一番細く見えるところで合わせると、足がきれいに見えます。その人によって一番細く見えるところがあって、そこにスカートの丈を合わせるようにします。人によってヒザ上だったり、ヒザ下だったり、足首だったり……。

　というようなことを勉強していくと、彼が青が好きだから、赤が好きだからっていう、彼の好みの方向で気に入られるのではなくて、ファッションの基礎的な勉強をしていくことで、ものすごく魅力的で面白い人になっていくんですね。

◎自分の周りにいる人

図1のようにずーっと自分を高める方向にエネルギーを使っていくと、ついには、なんと三角形のcの位置まで上がってきてるわけですよね。このcの位置に〝私〟がいるということは、ものすごくレベルの高い男性が、すぐそこまで近づいてきている、ことになります。

じゃあ、もうすぐ知り合いになれそうですよね。で、そのとき、この三角形を拡大すると図2のように、自分は三角形の底辺のcの位置にいることになりますよね。そしたら、また横に行くエネルギーを自分を高める、上の方向に使います。

「じゃあ結局、相手を意識しながらも彼に近づこうとか特定の人に歩み寄ろうと思わないことですか？」

「そうです」。それが解答ですね。

つまり、自分がある人を想定して、この人に気に入

図2

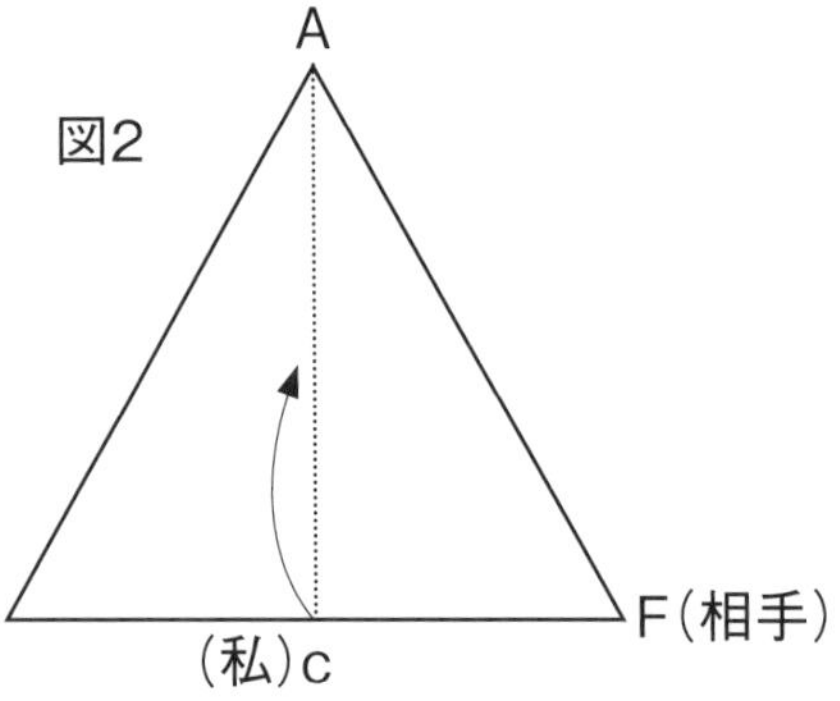

られたいと思ってる間は、本物には出会わないでしょう。

自分が面白い人、すごい人になる方向に、先ほどの図で言いますと、上に登ることにただひたすらエネルギーを使うんです。そうすれば、上に登れば登るだけ、ものすごく面白い、レベルの高い人が勝手に近づいてきますから。

ということは、自分の周りには、いつも自分と同じレベルの人がいるんだということになります。これに気がついたら、もう恋人が欲しいとか、恋愛したいとか、結婚したいって言わなくなるのではありませんか。

私の目の前に、素敵な人を登場させたいと思うのなら、私がそれに相応する、すごく面白い人になってしまうということです。

「これに関しては、私は一晩中でもしゃべれますよ」という分野を、最低ひとつ人生の中で見いだしてください。そういうふうに、自分の中に奥行きと広がりを持つ分野をたくさん持てるようになれば、これまで横の方向に向かって、いつも一所懸命に追いかけてた人が、いつの間にか反対に〈追っかけられる人〉になります。

相手のことを考えるのはもうやめて、ただひたすら、自分が上に登っていく。で、三角形の頂上に近づいてきたら、さらに三角形を拡大しますと、また上に登れるわけですから、永久にそれをやり続けていくと、本当にものすごく魅力的な人になります。

そうなったら、その人の話を聞いてるだけでも楽しいですから、その人のそばにいたいと思うようになります。そのときには「どうか夫にしてください。妻にしてください」っていう人が、きっとあなたの目の前に現れてくることでしょう。

第7章

比べ合わない教育

ひたすら肯定すると輝き出す

怒るという感情は、人は本来持ち合わせていない
子供に対して、どんなときも笑顔で話せる親になる
このことを宇宙から問われている

天才のつくり方というのがありまして、小林正観が思うに、天才というのは、どうも共通項があるようです。**天才と呼ばれた人たちには、皆さん同じようなタイプの母親がいたんですね。**

天才の子供時代というのは、みんなちょっと変わってるんだけれども、母親は、この子供を丸ごと全部、頭から肯定した、受け入れたということです。

で、〈変わってる子供〉という言い方をしましたけど、実は子供というのは１００％全部変わってるんです。全部が個性的で、誰ひとりとして同じ子供はいない。

でも、それを親が修正してしまう。ひたすら修正して「普通の子供になりなさい。みんなと同じになりなさい」って、ずーっと言い続けるんですね。

子供というのは、例えば、アリを見ていてもずーっと3時間も見入ってしまうというものを持っていたり、モヤシが生え始めるのをずーっと一晩中見ていたりする子供もいるわけです。実際に、ずーっと見ていたら、モヤシの芽が出てきて大きくなるというのが見えることがあるんですね。

そうやって、対象物を何時間も見入ってることが大好きな子供もいるんです。

それを「何してるの。遅くまで起きてちゃダメ」とか「早く寝なさい。明日、学校があるじゃないの」っていう言い方をしてしまうのが、普通の常識的な親なんですね。

ところが、天才が育ったところの家というのは、必ず母親が変わった人なんです。それは、この子はこういう子なんだってわかってあげて、子供に対して、文句を言ったり、小言を言ったりしなかった家庭なんです。

で、学校の先生が子供に何か言ってくる、周りが何かを言ってくるというときには、必ず自分が傘になって、子供に対しての批判や文句を母親が全部受けとめて、本人には伝えないようにしていた。ずーっと母親は子供に対して肯定的な見方をしていたんです。

どうも、天才をつくるのには、母親の関わり方がとても重要らしい。

子供を信頼し、いかに傘になってあげられるか、をいつも考えていて実践していた。周りからの苦情に対して子供の持ってるよい芽を決して摘み取らせなかった。そういう母親です。

◎男はガキ大将、女は母親

同時に、よく働く夫というのも、実は天才的な母親のもとで、天才的な妻のもとで育っていくようです。

男性というのは、いくつになってもガキ大将で、女性というのは生まれながらにして母親ですから、そのあたりの〈あ・うん〉の呼吸がわかってしまうと、ものすごく単純なんですね。

夫が好きで好きでしょうがないというほどに没頭してやっていることを「わあ、素敵。わあ、すごい」ってもてはやしてると、その夫はどんどん伸びます。

でも「何つまんないことやってるの」って言うと、だんだんイヤになってきますから、やる気がどんどんなくなってくるわけですけど、本人が楽しそうなことをやってるときは、とにかく「わあ素敵、わあ素晴らしい」って言ってると、その力が必ずどんどん伸びていきます。

30歳であろうと40歳であろうと50歳であろうと、男性は全部ガキ大将ですから、女性から誉められるのが快感で、幸せでしょうがないんです。

それは母親であっても妻であっても、娘からであってもそうなんです。誉められると有頂天になって、やる気になってしまう。本当に単純でかわいい存在なんですね。

特に、男の子なんかは母親という女性から誉められると嬉しくて、嬉しくてしょうがない。その子が好きでやってることをただひたすら誉めてやると、得意満面になって子供は母親にしゃべってきますよね。

そしたら「面白いことに気がついたねえ」って言って、さらにそれをもう少し刺激するような一言を言ってあげればいい。そうすると、子供は母親から怒られてないし、嫌われてないんだと思って一所懸命やるようです。

『昆虫記』を書いたジャン＝アンリ・ファーブルという人は、子供のころ何もない田舎で育ったんです。朝、家を出て、夕方になっても帰ってこないんですね。山に入ったきりなんです。山が好きで自然が好きでそういうものがファーブルの遊び相手だった。このファーブルには、おばあちゃんというよき理解者がいて、小学生まではおばあちゃんに育てられたんです。

あるとき、あまりに帰りが遅いので山に入っていくと、ファーブルがしゃがみ込んでいる。で、声をかけると「あっ、おばあちゃん」って後ろを振り向くんです。そのとき、母親代わりをしていた祖母は優しく「何してるの？」って聞くと「うん、ちょっとアリを見てる。10分ぐらいこのアリが横断するのを見てたんだけど、面白いからずっと見入っちゃったんだ。そろそろお昼？」ってもう夕方なんですよ。数時間も経ってるのに、でも本人は、まだ朝のうちのつもりなんです。

そのときに、祖母は、ファーブルを怒ったり怒鳴ったりしないで「へぇー、アリさんってどういうふうな動き方や生活をしてるのかわかった？」って聞くと、ファーブルはもう得意満面になってしゃべるわけですね。周りの大人たちが、そういう問答をしていった結果として、ファーブルはついに『昆虫記』を書くようになったんです。

天才というのは、どうも母親が育ててるんですけれども、**育てるというよりはブレーキをかけないだけなんです。**ファーブルの母親や祖母は、実はなんにもしていない。「ここのところを改めなくちゃいけない」っていう常識的な価値観で、ファーブルを見てなかったんです。

親の方が器を広げる

「この子は、こういう子なんだもの」って、そういうふうに守り育ててきた子供が天才になるんですよ。

天才をつくるというのは、全然難しくなくて、ただ、子供がある方向性を持って夢中になっているときに「すごいね」って言って、ニコッと笑顔で接してあげればいいんです。自分の器を広げて子供を丸ごと受け入れてあげることで、子供はすごくのびのびと育っていくようです。

親は「うちの子は宿題をしない」って子供を叱りますが、なぜ宿題をする必要があるのでしょうか。学校の先生を対象とした講演会では、私は必ず先生にこう問いかけます。

「なぜ、宿題をしてこない生徒を立たせるんですか？」

その質問に明確に答えられる先生って、あまりいないですね。宿題をしてこなかったから立たせるとか、怒るとかって、当たり前になってますけど「なぜ？」って聞かれたときに答えられない先生が多い。

自分の言ったことに対して、生徒が言うことを聞かなかった、といって立たせるのは、もしかすると先生が手を抜いているということではないでしょうか。

宿題をしてこなければならないという義務はどこにもないでしょう。逆に宿題をしてきた生徒がいたら、その生徒の名前を言って「みんなで拍手をしてあげましょう」っていうのが素敵ですよね。

35人のクラスの中で28人拍手してもらって、あとの7人は拍手してもらえなかったっていうと「じゃあ、今度は僕も拍手してもらいたい」と思って宿題をしてくるようになります。やる気になる、というのを〝モチベーション〟〈動機づけ〉というんですね。

宿題をやってこないから怒る、しかも立たせる、というのは、やっぱり手を抜いていませんか。

「なぜ宿題しないの」って怒ってると、〈宿題〉イコール〈怒られる〉イコール〈イヤだ〉という図式ができるわけですけど、宿題をやっても、やらなくてもどちらでもいい。

「もし今日中に宿題をやることができたら、ケーキを買ってこようね」と言って、母親がそういうふうなスタンスに変わると、子供は宿題をすることがすごく楽しくなるでしょう。

◎〈動機づけ〉とは、喜びを与えること

高所恐怖症の治し方というのがあるんです。

高所恐怖症の子供を高層ビルの8階建てぐらいのマンションに連れていきます。最初は1階と2階の踊り場まで行く。そこまで行って下を見下ろして「今日は、ここまで来たか

らすごいね」って言って、この子がイチゴパフェが好きなんだったら、それを食べさせるんです。で、日曜日にまた、今度は2階と3階の間まで連れていって、そこまで行ったら無理をしないで引き返してくるんです。

それでまた「今日もよくできたね」って言って、イチゴパフェを食べさせる。で、そこで2人で楽しく語らいをするんですね。

次もまた、日曜日になったら3階と4階の踊り場まで連れていって「よくここまで上がってこられたね」って言って、誉めて喜んであげる。それでまたイチゴパフェを食べて談笑するんです。

そういうふうにやっていくと、ついに8階まで行って、上から眺めても全然動揺しなくなります。それはこの子が誉められたいから。

誉められること、母親にそういうふうに笑顔で接せられることが、実はこの子の喜びをずーっと形成していくんです。それを〈動機づけ"motivation"〉って言うんですけれども、命令するんじゃなくていつも喜びを与えるんです。

そういうように、母と子の関係を築いていったら、子供はとても母親を信頼し、母親を喜ばせる方向で動くようになりますね。すごくいい関係ができます。

でも、子供が母親を喜ばせたいと思って一所懸命やったときに、母親が喜んであげないと、この子はガッカリするんです。母親が、ただ喜んであげることが〝motivation〟なんです。子供の母親に喜ばれたいという心をわかってあげると、強い〝motivation〟がずーっと続くんですね。

だから、喜びや嬉しさはなるべく表現しましょう。人間は、もともと喜ばれたくて存在してるから、喜ぶことがすごく大きな動機づけになるんです。

1999年に、中高生の間で〝ヘブンズパスポート〟といって、よいこと、例えばゴミや空き缶を拾ったり、電車でお年寄りに席を譲ったり、人に喜ばれることをするたびにシールを1枚ずつ、そのパスポートに貼っていく、それで、100枚貼り終わると、ジグソーパズルのように絵が完成して、願いごとがひとつ叶う、っていうのが大流行しました。

その考案者である、グラフィックデザイナーのオキタリュウイチ君が何回か私の講演会に来てくれたんですけど、彼が抱いている若者に対するメッセージと私のコンセプトがとてもよく似てるんですね。

今まで、中高生の文化というのは、どちらかというとワルぶって、退廃的な方向へ向かう文化だったと思うんですが、よいことをする、人に喜ばれることをするとシールを貼れる手帳〝ヘブンズパスポート〟が流行ったということは、心温まる文化が若者に広がりつつあるという兆しだったのではないでしょうか。

これは、明らかに心の動きも新しい世紀へ移行しているのだと思います。今、若者たちはワルぶってるわけではなくて、ひねくれてるわけではなくて、何か心に温かく穏やかなものを求めつつある、そういう方向に時代が動いているようです。

ヘブンズパスポートのようなものが15万部も売れたそうですから、1500万個の喜ばれることが地球上に生まれてたってことになりますよね。

すべての人が、人に喜ばれたいと思い、すべての人が、喜ぶことで周りの人をモチベート（動機づけ）できる。聖書の中に〝All for one, one for all〟っていう言葉があるんですが〈すべてはひとりのために、ひとりはすべてのために〉、そういう関係になったらすごくいいですよね。

宿題をやらなければいけない、といった〝ねばならない〟じゃなくて「やったら、えらいね」って言って抱きしめてあげましょう、喜んであげましょう。

子供というのは、誉められるのが嬉しくて生きている存在なのですから。

◎比べ合わない、競い合わない教育の実践

私の話を何百時間も聞いた人が、北海道で小学校の先生をやってるんですけど、彼は同じクラスの生徒を特別に4年間続けて担任してるんですね。

今、この先生は、日本の教育界がものすごく大きく変わるかもしれない新しい教育システムへの試みをしているので、校長が、どうしてもこの先生に同じ生徒たちを担任させたい、ということで4年間受け持つことになったんです。

彼は、一体どういうことをやっているかというと、クラスの生徒数は全部で24人なんですが、24人にテストをやらせるでしょ。そうすると100点の子、80点の子、60点の子、50点の子……といますよね。

で、同じテストをもう1回やらせるんです。

当然、テストを返すときに、答案や解き方についての前後の話をしているわけですから、今度は100点の人がクラスの半分くらいになります。それを全員が100点をとるまで5回でも6回でもやるんです。さらにそれを全科目でやるんです。

だから、通知票を渡すときには、すべての生徒が全員A評価になります。そうすると、

その通知票をもらったお父さんなりお母さんなりが学校に飛んでくるんですって。「うちの子供がこんなに成績がいいわけがない。何かの間違いでしょ、先生」って言われると、その彼は「お母さん、それは認識違いですよ。あなたのお子さんはとっても優秀なんですよ。証拠を見せましょう」と言って、全科目100点満点の答案を出して、見せるんです。

そうするとお母さんは「えー、うちの子はいつの間にこんなに利口になったのかしら」と首をかしげながら帰っていくんだそうです。

で、次にまた違う子のお父さんが飛んでくる。「うちの息子がこんなに成績がいいわけがない」って。

彼はまた「お父さん、それは認識違いですよ。お宅の息子さんは全部100点だったので、全部評価はAなんですよ」って言って100点の答案を見せるんです。

全部証拠があるから、校長は何も言えない。教育委員会も何も言えない。だって全員が100点という証拠が残っているわけですから、文句の言い返しようがないんですね。

で、この先生が、そういうふうにやってる結果として、このクラスの子供たちは、他のクラスの子供たちとは全然違う子供たちになってるそうです。

順位づけをされないし、しかも全部が100点満点で最高の成績だから、ものすごくイキイキとして、活気のあるクラスなんだそうです。

「何かみんなでやろう」っていうときには、みんながワーッと飛びついて、すごくまとまっているし、クラスの中に自閉症の子がひとりいて、その子が意見を言うときに「えーっと」って口に出して、話し始めるまで3分ぐらいかかるそうなんですけど、それをみんなが「じーっ」と待ってるそうです。

「その子がしゃべるまで、みんなで待っていようね」って、そういう教育をしているから、みんな、ずーっと待ってるんですって。

学校の中では、他のクラスや学年に乱暴な生徒たちもいて、トイレットペーパーをトイレの排水口の中に詰め込んだりして、いたずらをする子がいるらしいんですけど、その24人の生徒たちは、トイレの便器の中に手を突っ込んで、詰まっているトイレットペーパーを引っ張り出したり、トイレ掃除をしたりと、そういうことをやってる子供たちだそうです。

で、「あのクラスの生徒は全然違う」って他の先生たちも言ってるそうなんですが、校長もその先生のやってることについては、「もう一切口を出さないことにしよう」って言って、全部の教諭ともお話をして、新しい教育システムのひとつのモデルになるかもしれないって、見守っていてくれてるそうです。

◎「好きなことをやっていいよ」が教育の原点

もしかすると、教育の原点というのは、こういうところにあるのではないでしょうか。今、学校というのは、順位づけをするための場所になってますよね。でも、本来の教育って、教える、覚えてもらうことでしょう。そのための教育なんですから。

順位をつけることではなくて、比べ合うことでもなくて、競い合わせることでもなくて、いかに一人ひとりのよさを見いだすことができるか、それが本来の教育ではないかと思います。

例えば、100人の子供がいたら、なんにもできない子供って誰ひとりとしていないんです。

「好きなことをやっていいよ」って言ったときに、ある子供は泥遊びをずーっとやってるかもしれない。泥遊びが好きだというのは、もしかすると将来、陶芸家になるかもしれないですよね。「うちの子は放っておくとファミコンばっかりやってます」ということは、将来、コンピュータのエンジニアとかゲームソフトの開発者になるかもしれないでしょう。人間は、幼少のときに、神から埋め込まれたメッセージの片鱗《へんりん》が現れているんです。損得勘定を考えない時期、つまり高い収入が得られるとか、社会的に評価が高いとか、そういうことを考え始めた年代ではなくて、損得を計算しない子供のころに、夢中になってエネルギーを注ぎ込んでいるものがあります。それこそまさに純粋に好きなことであり、神から埋め込まれたその子の才能なんです。

そこをきちんと見いだしてあげることが先生や親の役目なんですね。でも、子供がやっていることが「数学や国語に合致しないからダメだ。そんなのやらないで、数学や国語をやりなさい」ということになるから、先生も親も子供も、みんなそこで悩んで苦しむんですけど、もともと人間というのは100人いたら100人、ナンバーワンになるものを持って生まれてきてるんです。

それは〈好きこそものの上手《じょうず》なれ〉ということで、子供は、放っておけば、勝手に自分が好きなことをやっていて、そのやってることは全部その子の才能をきらめかせるものなんです。

もし、本当の教育をしたいのであれば、目を向けることは順位をつけることよりも、その子の持っているものをいかに刺激して引き出してあげるか、そして、いかにその子のすべてを肯定してあげられるか、なんです。それができたら子供はすごく喜びます。

◎「人間は比べ合うことじゃない」と教えてくれた娘

自慢話で言うのではありませんが、私は、学業も仕事もそれなりに結果を出してきた側の人間でした。〝1位〟〝1番〟というのも経験してきました。

でも、競争して、戦って、争っても心になんにも安らぎはない、ということがわかりました。それによって幸せを得られたりはしないんですね。

私には2人の子供がいて、前にも言ったように、上の子が知的障害児なのですが、その子とずーっと面と向かってつきあってる間に「あー、人間って比べ合うことじゃないよね」っていう結論に到達したんです。

そのことを教えにこの子が来てくださったんだなって、とても感謝しています。

娘の通った小学校は、各学年で3クラスずつあって、彼女のいるクラスは、35人いるんですけれども、この子供たちは、どこの学年のどの組よりも一番優しい子供たちになるんですね。

先生も親もこの34人の生徒たちにどんなに口を酸っぱくして「優しい子になりなさい」って教えても、全員が優しい子にはなかなかなりません。

でも、彼女がひとりいるだけで、この34人は他のクラスとは全然違う子供たちになるようです。とても優しい子になるんです。彼女は34人の子供たちをつくり替えてしまうんです。

彼女は、自分で主張したりなんかはしないんですね。

雨が降ってくると、校門のところでじぃーっと空を見ていて、1分くらい見てるとそのまま下を向いて、トボトボと歩いて帰ってくるんです。家に電話をすれば、親がいるんだけれども、電話をするとかそういう感覚はないんです。

そういうふうに何回かずぶ濡《ぬ》れになって帰ってるのを級友たちが見ていて〝慶子《けいこ》ちゃんを送る会〟というのを結成したらしい。

で、何回か傘をさして一緒に玄関まで来てくれました。いつも送ってきてくれる子が違うから、妻が保護者会でそのことを聞いたら、先生はそのことをまったく知らなかったそうです。

それで、クラスの子供たちに聞いたら「慶子ちゃんが、いつもずぶ濡れになって帰っていくから、慶子ちゃんが傘を持ってきてないときは、みんなで送っていこう」という自然発生の会ができたんですって。その子たちがローテーションを組んで送ってきてたんです。

でも、彼女は一度も送ってくれなんて言ったことはないんだけど、知的障害の子を傘をさしてずーっと我が家まで送ってくれるチームができてたんです。この34人の子供たちは、ものすごく優しい子供たちになっていた……。

クラスの成績という観点で言うと、彼女がいない方がいいのかもしれない。勉強が、はかどるかもしれない。でも、彼女の存在が、34人の子供たちを限りなく優しい子供たちにしたんです。

人間が育っていくというのは、数学、国語だけじゃないんですよね。

◎一人ひとりがすごい人

そういう実例を彼女からたくさん見せられるにしたがって、私の中で何かが変わってきました。人間一人ひとりというのは、一人ひとりが全部すごいんです。比べることなんてできないんですね。

〝比べる〟ということを教師の中からなくしたら、生徒は慕って、必ずついてくると思いますよ。でも、先生が〝比べる〟という目で見てると、生徒は、巧みにわかってしまうでしょう。本来、本物の先生というのは、生徒同士を比べるのではなかったと思います。生徒のよいところを刺激して、伸ばしてあげることだった。

吉田松陰《よしだしょういん》という人をご存じだと思います。

松陰が萩《はぎ》（山口県）の〝松下村塾《しょうかそんじゅく》〟で行った教育というのは、一人ひとりの優れたところを見いだして、それを教えてあげることでした。比べることは一切なかった。

「あなたは、この塾の中で最も剣が立つ。だからそれを社会正義のために使いなさい」と言い、「あなたは、書が大変上手《じょうず》だから、人のために文を書いてあげたらどうですか」というふうにお世辞ではなくて、その人の持ってる素晴らしさを見抜く目を、松陰は持っていたのです。

それに、吉田松陰という人は生涯の中で声を荒らげたことが一度もなかったそうですね。一人ひとりのよいところを指し示していく根底には、天性の優しさがありました。そういうふうに言われた人は、どんな人もみんな奮い立ったそうですね。

このことがわかると教育の原点というのが見えてきます。

比べ合ったり、順位づけをするのではなくて、今、目の前にいる子供たちをただひたすら肯定し慈しむ。その中から、人それぞれの輝くものを見いだしてあげることが、教育者としての一番大きな喜びなのではないでしょうか。

◎比べない、順位づけしないための親の役割

親は子供を教育する立場にいますが、子供は親の思うようにならなかったり、親の価値観を崩していくことによって、実は子供には、親の人格を磨くという役目があるようですね。

「子供は親が教育をして育てるんだ」っていうふうに、ほとんどの親は、意気込んで頑張ってますけど、どうもそうではなくて、もうすでに子供のシナリオとして、20歳、30歳の人格に向けて子供自身がプログラムを組んで生まれてきているらしい。

じゃあ、親の役割はなんなのかというと、その子供という植物の鉢植えを枯らさないっ

てことなんですね。子供は朝顔の種を蒔《ま》いてきているのに、親は「バラよ咲きなさい」って一所懸命「バラよ、バラ」って念じてるんですよね。

でも、朝顔の種ではバラは咲かないんです。その種でしか、その花は咲かないのに「種と違う花になりなさい」っていうのは、どんなに頑張っても、力を入れても、無理というものでしょう。

親ができるのは、その植物の鉢植えを枯らさないこと。周りの人間は、剪定《せんてい》作業をするのではなく、とにかく無事に育てるだけなんです。親は、子供に食べさせること、身の安全を保つこと、生活に適した環境をつくること、そうした役割だけなんだ、ってわかってしまえば、すごく楽になりませんか。

親が子供を育ててるんではなくて、子供が親を育ててるんです。

親は、子供を怒ったり、怒鳴ったりする資格があるわけではなく、魂のレベルでいうと子供の方が上の場合が多いんですね。だから、子供がしていることに対して、気に入らないからということで、これまで怒鳴っていた親が怒らなくなったとき、子供はその行為をやめるようになります。原因と結果が逆になっているようです。

親を怒らせたり、不愉快にさせたりするっていう、そういう現象を子供が見せつけても、この親が腹を立てないっていうことを、宇宙は要請しているんです。これでもか、これでもかと、ずーっと子供は見せつけていきます。

◎親の器が広がると子供は変わる

そこで、どんなことがあっても、子供に向かって声を荒らげない、イライラしない、怒らない、いつも笑顔で話ができるような人を人格者といいますが、その人格者になるための訓練を子供にお願いして生まれてきてもらった、ということですね。

子供によって、親は、いかに自分が人格者になるかを要求されているわけで、子供にとっては、これ以上の親孝行はないでしょう。親も、それを自分でプログラムしてきたんです。

だから、怒るのを努力してやめるという、そういう話ではなくて、もともと怒る資格がないということを伝えたいんです。最初に子供に対して「人格者になりなさい」というのはおかしいんですよ。逆なんです。親の方が先。だって先に生まれてきたんだから。先に生まれてきたのを〝先生〟って言うでしょう。子供にとっての先生なんです。

親は先に生まれた以上、先生になることでしょう。先生というのは、子供にとってのお手本になるということです。

でも、「子供が怒らせるんだから」っていうお母さんがけっこういるんですけど、実は怒らせる子供というのはいません。**怒らせる子供というのがいるわけではなくて、怒ってる親がいるだけなんです。**

宇宙には、どこにも怒るような現象は存在しないし、怒るという感情は、どうも本能的に人に組み込まれているのではないらしいです。

◎本能的に持っている感情

赤ちゃんは、生まれてきたときには、3つの感情しか持っていないようです。〝安らぐ〟というのがひとつ。安らいで、スヤスヤ寝てる。それから、お腹が減ったとか、おしめが濡れてるとかの要求、要望があるときに、それを訴えるために、〝泣く〟っていうのが2つ目です。

あと、目が合うとニコッと笑いますね。なぜ、笑顔が本能的に組み込まれてるのかわかりませんが、3つ目にその〝笑顔〟があります。

赤ちゃんは、この3つの感情しか持ってきていないようです。母親が見てると、わかりますよね。怒ったり、悲しんだりっていうのはありませんね。

怒りとか、悲しみ、空しさという感情は、もともと人は持って生まれてきてはいないんじゃないでしょうか。

本当は、人の中には怒りの感情なんていうものはない。これらは全部、親や社会から後天的に刷り込まれたもののようです。もともと平静で穏やかな心が、立ち上がり〈起こってくる〉ことを〝怒る〟〝腹が立つ〟と言います。その状態がないのを〈起こらない〉〝怒らない〟、腹が立たないと言います。

もともと、人の心は平静なのであって、腹が立つようには、できていないんです。

じゃあ、どうして腹が立つんでしょう。

腹を立てて見せているんです。腹を立てて見せるという方法論を親や社会から後天的に学習したんです。

気に入らないことがあったら、周りにいる大人が怒って見せる。そのときに、子供の方は圧倒的に弱い立場だから、口答えをしなくなりますよね。腹を立てて見せて、声を荒らげて見せることで、相手が1歩2歩、譲歩してくれて、自分の思うようになる。だから、そういう方法論を学んであとから身につけただけであって、もともと人は、腹を立てるという本能は持っていないらしい。

宇宙現象として、腹を立てる状況というのもない。自分が勝手に腹を立ててるだけ。演技してるだけなんです。

だから、安らぎと笑顔のときは、人は疲れませんけど、怒ったあとは疲れますよね。もともと持っていないものを演技をして見せてるだけだから、ものすごく疲れるんです。

本来、人には怒りの感情がないっていうことに気がついてしまうと、腹が立たなくなりますよ。

問題を解決するために〈怒って見せる〉というやり方を後天的に覚え込んで、代々遺伝のように受け継いで、この方法しかないように使ってきましたが、これからは〈笑顔で言う〉解決方法を親が教え込んでいく。そうすると、子供は笑顔で解決するという方法論しか覚えていかないんです。

人間が本能的に持ってるもの、先天的な遺伝というのは、美しい笑顔なのですから。

第8章

経営の宇宙法則

絶対につぶれない会社になるには

○

社長がまず、いつも笑顔で優しい人になる
社長の人格レベルが上がれば
何もしなくても、社員はやる気を出すのです

世界をまたにかけて飛び回っているワールドビジネスマンにホテルの人気投票をしてもらいました。その結果、ナンバーワンに選ばれたホテルが、なんと10年間もナンバーワンを続けてるそうなんです。

そのホテルは、タイのオリエンタルホテル。

以前、テレビでドキュメンタリーをやっていたのですが、このホテルは、部屋数が100室ぐらいで、従業員が100人ほどいるそうです。ルームメイドの人は、体重が割に多めのおばさんたちで、みんな鼻唄を歌いながら楽しそうに仕事をしているんです。で、その人たちがニコニコしながらテレビのインタビューに答えてたんですね。

「あなたは、どのくらいこのホテルに勤めているんですか」と聞かれると、一番若い人でも15年、古い人で35年とかいう人もいるそうです。

「なんでそんなに長くやってるんですか」って聞くと「ここが楽しいから辞めたくない」って言うんです。

「何が楽しいんですか」

「ただ、ひたすら楽しいんだから理由なんかない」ってみんな声をそろえて言うんですね。

で、そのテレビ局が一所懸命取材してわかったことは、具体的に言えば、こういうことでした。

◎人気ナンバーワンの理由

そのホテルの経営者は、どうも篤《あつ》い宗教心を持っている方みたいで、博愛的な思想を基本とした経営哲学で運営している。

それから、年に2日間ホテルで文化祭をやるんだそうです。全館全部お客さまを一切泊めないで、一部屋にひとり、一家族ですね。そこで「模擬店でも飲食店でもなんでもいいから、とにかく好きなことをやりなさい」って一部屋を与えられるんだそうで、ホテルの全部の部屋、100室が2日間にわたって文化祭会場になるわけです。

ある家族は、椰子《やし》の実を使った工芸品をつくってその日に備えているようで、親戚一同が全員集まって、文化祭で売る工芸品を1年間かけて何百個とつくって、その2日間で展示をすると、飛ぶように売れるんだそうです。

100部屋にそれぞれの模擬店があって、一体何を売ってるのか、何が食べられるのかわからないとなると、これは、すごく楽しいですから、私たちが考えてもきっと行くでしょうね。だから、その文化祭には一日に何千人と訪れるんだそうで、親戚一同が一所懸命になってつくった工芸品は、あっという間に売れるらしいんです。

それで、売れたお金は、経営者が一切ピンハネはしなくて、そのまま全部その人たちの収入になるんです。仕事の合間につくれて、材料費もそんなにかかってないものが、めちゃくちゃ売れるものだから、いい収入にもなる。

でも、収入だけの問題ではなくて、何よりも本人や周りの親戚たちがとっても楽しいらしい。

その経営者は、自分がお客さまに直接、接することはほとんどないけれども、従業員たちがいかに楽しく幸せに生きてるかということだけ、それだけを考えているらしい。

経営の宇宙法則というのは、実はすごくシンプルなんです。

「従業員が全員、笑顔になるように」と経営者がいつも考えていると、もうそれだけで会社は発展というレベルにどんどん持っていかれるようです。

経営者が一番に考えなければならないこと

喜ばれる会社、喜ばれる存在というのは、お客さまに喜ばれるだけではなくて、**自分の一番身近である社員からも喜ばれる存在になる**、というのがまず第一歩でしょう。そこから始めない限りは誰も絶対にその会社を支えてはくれないでしょう。

経営者の方は〈お客さまは神さまです〉という考え方は、浸透していますので「お客さまに対して笑顔で接しなさい。柔らかな応対をしなさい」とは言うんですけど、社員に対して、優しく穏やかでにこやかに接する社長というのは、あまり多くないみたいですね。

社員にはすごく厳しくて、その向こうにいるお客さまには笑顔を出せというのは、ちょっと違うと思うんです。

ノルマは設定しない

「ノルマは設定しない方がいいんですか?」って聞かれることがありますが、「当たり前じゃないですか」っていうのが私の答えです。

小林正観が考える、会社が絶対に倒産しない方法というのは、会社が倒産しそうになったら、自分のところの従業員が自分の預貯金を持ち出してきて支えてくれる会社です。でも、ノルマ、ノルマで社員を苦しめてる会社は、絶対に社員は支えてくれません。社員の向こうにいるお客さまに対して、笑顔を出せって言う前に、**一番身近にいる社員に喜ばれる会社にすることを考えましょう。**

もし倒産しそうになったら、社員のみんなが「自分のお金を出してでも、どうしても支えたい」と思えるような会社にするのが第一歩だと思います。

江戸時代前期の儒学者で医学にも通じていた貝原益軒《かいばらえきけん》という人が『養生訓《ようじょうくん》』というのを書いているのですが、養生訓の中に養生三訓というのがあるんです。

ひとつ目、身養生。

2つ目、心養生。

で、3つ目の養生は何かを知ったときに、私はよい意味でショックだったんですね。「貝原益軒の目のつけどころは、こういうところだったのか……」と。

3つ目の養生は〝家〟なんです。家養生。

この3つがそろわないと、健康にならないんだそうです。体だけ丈夫であっても、心が健康でないと……3つとも全部健康でないと体全体に影響が来るそうです。どこかがガタガタすると、必ず他の2つもガタガタする……。

身養生と心養生は「心身ともに」という言い方をしますから、これはわかりますよね。ところが、貝原益軒はもうひとつ〝家養生〟――「家の中がゴタゴタしてると、その人間は絶対に健康にならない」と言ってるんですね。体も心もガタガタになる。

つまり、いつもこの3つを同時に、穏やかに修めていけば健康であるけれども、ひとつでも暴れ馬がいると平穏になることはない、〝健康〟になることもないんだ、ということなんです。

これは、先ほどのオリエンタルホテルの話と合致してくるんですが、自分の周りにいる社員が、例えば10人とか20人とか1000人、あるいは1000人という大会社もありますが、社長が1000人の社員全員に接することはできないけれども、いつも接しているのは専務であったり、部長であったり、管理職の社員ですよね。そこで私の提案は、自分の近くにいるその人たちから、まず笑顔で優しい人になってもらうということなんです。

その人たちが、ただひたすら部下に対して、優しい状態であれば、社員はものすごく働くのではないでしょうか。

そもそも日本語の〈優しい〉というのは、正しく説明しますと、力の強い立場の者が弱い者に対して、その権力を行使しないのを〈優しい〉と言います。

社長や専務、人の上に立ってる人が優しいということは、どういうことかと言うと、自分の強い力を誇示しないということ。強引なもの言いをしたり、怒ったり、威張ったりしないこと。その権力を行使しないことを〈優しい〉と言います。

社長というのは、社員の向こうにいるお客さまに対して直接的に笑顔を示す必要は何もないんです。中にいる社員全員を明るくて楽しくて幸せでニコニコしている社員にすることができたら、この社長は、毎日何もしなくてもいいんですよ。だって、社員が嬉々《きき》として楽しく働いてくれますから。社員というのは一番近い味方なわけですから。

◎どうしても怒らざるを得ないと感じたら

私は、何社かの企業の顧問もしておりますので、いろいろな社長さんから社員のことで相談を受けるのですが「どうしようもないことを社員がしでかしたときには、怒らなくちゃいけない」って皆さん同じようにおっしゃいます。

でもちょっと待ってください。

「その部下が、とんでもないミスをしたことは事実かもしれない。社長さんが言ってることは100％正しいかもしれないけど、それについて怒ったり、苛立《いらだ》ったりしている、そのどうしようもない社長があなたなんですよね。どうしようもない社員に対して、自分の感情がコントロールできない、すぐ怒ったり、権力を行使してしまう……。その社員とちょうどいい社長なんですよね」っていうお話を私はします。

人間というのは、怒ってるときや怒鳴っているときというのは、自分が100％正しいと思ってるんですけれども、実は宇宙的な意味でいうと、怒った瞬間に、怒った人は100％間違ってると思います。

どんな理由があっても、どんなに自分が正しいと思っていても〈争うこと、戦うこと、怒鳴ったり、威張ったりすること〉がもうすでに不正義なんです。〝権力者〟は、絶対に威張ったり、怒ったり、怒鳴ったりしてはいけない。中間管理職である部長や課長に「部下に優しくあれ」と指導・教育できるのは、社長しかいないんですよね。

立場で腹を立てたり、怒ったりしないのを人格者と言いますが、その人格者である社長、専務に対応して、ちょうどいい、よく仕事をしてくれる社員がくっついてきますね。

◎社長と同レベルの社員が集まる

怒鳴ったり、威張ったり、すごくきつい言葉を使ったり、イライラしたりする人には、そのレベルの人格に対応する社員しか集まってこないでしょう。イライラする社長のもとにはイライラする社員しか集まらない。

お釈迦さまの言葉に「すべてがあなたにちょうどいい」というのがあります。

今のあなたに今の夫がちょうどいい
今のあなたに今の妻がちょうどいい
今のあなたに今の父母がちょうどいい
今のあなたに今の子供がちょうどいい
兄弟も上司も部下も友人もちょうどいい
死ぬ日もあなたにちょうどいい

すべてがあなたにちょうどいい

「私」が、周りのすべてを決めているということです。

◎社員の心地よさと、会社の発展は比例する

アメリカに、ある航空会社がありまして、その会社というのは、社員に対して、とてもいい思いをさせる会社だそうなんですね。

儲かったお金をボーナスという形でなるべく社員に還元するんだそうです。給与体系とか休みの形態、福利厚生というのも手厚く、社員がとても居心地がいいそうです。

で、あるときにボーナスがたくさん出たんですね。そしたら社員がみんなでお金を出し合ってジャンボジェット機を1機買ってしまったそうなんです。

それを「フレンドシップ号」と名づけまして会社に寄贈した。会社はコストなしで、稼げるジェット機が1機手に入ったので、そのフレンドシップ号をどんどん飛ばしたんです。

そしたら、またものすごく儲かった。

儲かったお金をどうしたかというと、またボーナスに回したんです。その航空会社は入ってきたお金を富として蓄えるのではなくて、社員に喜ばれるように大いに還元したんですね。で、社員たちはまた同じことを考えている。「2機目を買おうか」って言ってるんです。

こういう社員たちが、ベースとして裾野にたくさん存在していたら、この会社は、絶対倒産しないのではないだろうか。

会社にとって一番身近なサポーター、支持者というのは、まず社員ですよね。それだったら、どうして社員に対して優しくしないのだろうかって、とても不思議に思います。どうして一人ひとりの社員を味方にしていかないのだろうか。

味方にしていくことで、社員が「この会社をつぶしたくない」と思ったら、必ず、やる気になって、一所懸命働くようになるでしょう。

社長としての一番楽しい、面白い仕事というのは、いかに社員たちをやる気にさせるかということではないでしょうか。

社員をやる気にさせる〝3つの方法〟

人を動かす、人に動いてもらう方法として3通りあります。

ひとつ目は〈強制すること〉。これは、英語でmustというものですね。〝やらねばならない〟状態へ持っていくということです。

2番目は〈やる気になってもらう〉。これはすること全部、自分からしたいと思う状態でしてもらう。しないではいられないという状態なんですね。

〈強制してやらせる〉から〈やる気になってもらう〉というところに至るのは、すごく難しいですよね。でも実は真ん中にもうひとつあるんです。

それが〈forcing（フォーシング）〉。これはトランプ手品とかで、例えばハートのエースを相手に引かせたいというときに、それを引かせるテクニックを言います。

トランプを持ってきて「好きなカードを引いてください」と言ったときに、相手は好きなカードを自分の意志で引いたように思うんだけれども、実はハートのエースを引かされている、という方法があるんです。

思いどおりに動いてもらうテクニック

例えば、男性が女性をデートに誘いたいというときに「次の日曜日、映画でも見にいかない?」って誘うと「忙しい」って断られる場合があるわけですね。でも最初に「最近、君、見たい映画ある?」って聞いてみるんです。そうすると「うん。こんなの見てみたいわ」っていう話になりますね。「それだったら、確か渋谷《しぶや》の映画館でやってたと思うんだけど、それ今度の日曜日見にいく?」って言うと「あー、いいわねぇ」という話になるわけです。

相手に選択をさせてるように誘導しつつ、実は自分の思う方向へ持っていってるということなんです。それをforcingと言います。

forceというのは〈強制する〉という意味ですけれども、forcingという言葉になると潜在的に強制はしているんだけれども、顕在的には相手に選択をさせているというものです。社長としては、強制をしてmust〈やらねばならない〉で部下を動かすのではなくて、その部下をmotivate〈モチベート・やる気にさせる〉というのが一番いいと思いますが、やる気にさせるというのは難しいことですから、真ん中の2つ目の方法をとりあえずやってみてはどうでしょう。

もうひとつ例を挙げますと、お客さまから何かクレームがきたときに、その処理のために社員を行かせる場合にこう言うんです。

「A社とB社と2社からクレームが来てるんだけれども、君はどっちが処理しやすいかね」って選ばせてあげるんですね。

「Aのところへ行け」とか「Bのところへ行け」とか言うよりも「AとBの2つから、やりやすいのを選んでくれ」と言うと、本当は、半分強制して must なんですけど、本人は自分で選択しているように思えるんです。

でも、自分で選択してるように思っているけれども、こちらはその方向へ持っていってるという技法なんですね。ただ社長や専務の側にそういう優しさが必要だということです。単に業務命令としてやらせるんではなくて、こうした技法を使って、柔らかい方法論をとるということなんです。

◎〈喜ばれる社長〉になる

人間というのは、must〈やらねばならない〉では絶対に動かない、ということを前提にしてお話ししますが、3番目の方法はちょっと時間がかかるんです。

それは**「人が生まれてきた意味というのは、自分の存在が周りの人たちから喜ばれることなんだ」ということを社員一人ひとりがわかるように、社長自らが自然に実践すること**なんです。

ということは、社員に対してひどい言葉を投げかけない、いつも穏やかで、温かくて、人に喜ばれる社長であるということをまず実践することなんです。

それを実践していった上で、そういうすごい人の話や感動的な話をたくさん勉強して仕入れておいて、機会あるごとに社員に話してあげるといいですね。

そうすると、社員は「今まで、いかにたくさんのお客を集めてきて、お金を出させるかと考えてきたけれども、これからはいかにお客さまに喜んでもらえるか」っていう気持ちに変わります。そうなったら、**社長は、もう何もしなくてもいいんです。会社は、勝手に動き出してしまいます。**

◎〈世界で最もヒマな社長〉を目指す

ちょっと変わった人の話をしますけど、旅先で面白い男性に会ったんです。大学を卒業して、就職した先が事務機の卸問屋のようなところだったそうです。最初に彼が配属されたのが営業助手のようなポジションで、コピー機などの事務機器を運んでいって、事務所に機械を据えつけて古いのを引き取ってくる、そういう仕事だったそうです。

で、彼の一番はじめの仕事が土曜日だったので、社員が誰もいないところに取りつけに行ったんです。言われたとおり、彼は事務機を取りつけて帰ろうとしたら、隣にもうひとつ事務機があって、今持ってきた事務機が真っ白でピカピカなのに、隣にあるのが手垢《てあか》で汚れていて、あまりにも対照的で非常に気になったんだそうです。

「似つかわしくない」と思った彼は、その**古くて汚れた方の機械を一所懸命ピカピカに磨き上げました。**

2台がきれいに真っ白になって並んだのを見て、彼はとても満足したそうです。「うん、これでバランスがとれた」と思って帰ろうとしたんですね。そしたら、この2台のきれいさに対して、床があまりにも汚かったそうです。「すごいアンバランス……」。

そこで、彼は床も磨いたんですって。事務機2台と床がきれいになったから、かなり満足して帰ろうとしたら、今度は壁が汚かった。そこで彼は、**壁もピカピカに磨いた**そうです。

で、4カ所きれいにして帰ろうとしたら、なんと今度は、窓ガラスが汚いことに気がついたんですって。

窓ガラスが汚いということは、さらにアンバランスだということで、**窓ガラスも磨いた**んだそうです。それを全部終えて見渡して「うん、すごくきれいになった」って言って、とても満足して帰ったそうです。

そしたら、月曜日に取引先の担当部長から連絡があって「あの事務機を取りつけたのは誰か」「部屋もきれいにしていったのは誰か」ということになったというんです。

そして、それが彼のしたことだとわかると、今度はその隣の部署でも「事務機を取り換える時期がそろそろ来ているので、彼にまた来てほしい」と、**名指しで頼まれるようになりました。**

そういうふうに指名が入った場合は、彼の実績になるんだそうですね。

で、彼はまた翌週、同じように取りつけに行った。そしたら、取引先の会社から会社へどんどん彼の評判は広がって、次から次へと仕事が舞い込んでくるようになったそうです。

その会社には、50人ほどの営業マンがいたらしいのですが、彼はなんと入社1カ月目にして、80人の中のナンバーワンになってしまったのです。そのナンバーワンを3年間続け、そして自分の中で何かつかめたような気がすると思い、退社したそうです。

そのつかめたものをもとに「自分はこれからどんな仕事、どんな商売をやっても、できそうな気がする」って言ってました。

多分、彼は何をやっても成功するでしょう。

もちろん、毎回毎回そうやって掃除をしていったわけですけど、それはイヤイヤやってたのではなくて、彼は自分の美意識として、新しい機械を据えつけたときに、隣の機械が手垢で汚れてると、やはりきれいにしたいという気になったんですね。

最初は、自分の美意識としてやったことですが、それを喜んでくださる方がいるというのがわかったとき、彼自身とても嬉しかったでしょうし、さらにやる気が起こってきたのではないでしょうか。

今のような話を社長は社員に、雨、あられ、シャワーのごとく降らせるといいですね。

ただし、そのときに「お前も、こういうふうにやらなくちゃいけないぞ」というような押しつけでは社員は拒否してしまいますから、社長自らが喜ばれる存在であることを実践し続ける中でお話しされると、社員は笑顔で耳を傾けてくれるのではないでしょうか。

なんにもしていない社長というのは、実はすごい実践者だからこそ、なんにもしなくてもいい状態になってしまう、ということかもしれません。

〈世界で最もヒマな社長〉を目指すというのはどうでしょうか。

第9章

あなたが、すべてを決めている

〈過去寄せて〉人生を楽しむ

過去、現在、未来のすべてを受け入れる
人生は、全部自分で決めているのだから、
ただ楽しむだけ
そのときに、宇宙から最大のサポートが得られる今から3500年前、中国易学の古典に〝易経《えききょう》〟というのがあります。この経典の冒頭に書いてあるのが〈運は動より生ず〉という言葉だそうです。

〈運は動より生ず〉というのは、どういうことかと言うと、ジョギングしたり太極拳《たいきょくけん》をやって体を動かしたりしていると運が開ける、という意味ではなくて、実は私たちの周りをとり囲んでいる宇宙現象というのは全部、心の動き――別の言葉で言いますと波動ということですね――のなせる業であるらしい、ということを表しているのです。

私たちの心の動きが、すべての源であるということなんです。

人は、本来的に心の中に次の7つの要素を持っています。

〈明るさ、温かさ、優しさ、厳しさ、それから奥深さ、謙虚さ、感謝の心〉というものです。これらの要素は、神が私たちの心の中にあらかじめインプットして、すでに埋め込んでいるものです。すなわち、コンピュータで言うとハードディスクの部分ですね。

しかし、現実の私たちは、外からの刺激も加わって、自我という名のフロッピーディスク（編集部注＝コンピュータの記録メディアのひとつ）、これは、欲望、執着、不平不満、怒りなどのことですが、これらをあとから知らず知らず自分の中に取り込んでしまって、本来の7つの要素を覆い隠すかのごとく動いてる状況と言えるのではないでしょうか。

じゃあ、その自我のフロッピーを取り出せばいいんですよね。そうすると、神が組み込んだプログラムが必ず動き出すようになっています。

○7つの心の要素とは

〈明るさ、温かさ、優しさ〉という要素を持ってる人は、そばにいてくれるだけで自然に心が和みますよね。こういう人を太陽のような人と言いますが、太陽のような人には、実はもうひとつの特質があります。

それは、芽を吹く、新しい芽吹きを起こさせるというものです。ずーっと太陽光線を投げかけてると、受ける方は、確かに温かくて明るいので、自然に芽吹きたくなるんです。例えば、ここに性格が荒々しくて、いつも苛立っている人がいるとします。でも、この人のそばに太陽のような人がいたら、温かくて明るくて優しい気持ちになれて芽吹きたいという状態に、この苛立ってる人もなってしまうのではないか。〈太陽の人〉が言葉少なくても、あるいは言葉を発しなくても、この人は変わってしまうんじゃないだろうか。

常に自分が投げかけているものが、温かいものであれば、もしかすると、この人は〝北風と太陽〟の寓話《ぐうわ》のように何年も着ている分厚いコートを脱ぐのではないでしょうか。

ですから、いつも自分の中で〈明るさ、温かさ、優しさ〉を実践者として表現することを心がけてみてはどうでしょうか。

それから4つ目の〈厳しさ〉。これは自分に対する厳しさという意味です。このような精神的な勉強が進んでくることは、とても楽しいものですが、同時に「私はもうすべて知っている」とか「わかった。これで頂点に達した」と思ってしまうと、自分を見失ってしまう危険性があります。

自分に対する厳しさというのは「自分は未熟なんだから、もっと勉強していこう。これからも続けよう」って思うことなんです。それが厳しさです。

5つ目の〈奥深さ〉というのは、人は仕事をやっていれば、その方向で食べられるし、それなりに生活できるんですけど、仕事以外の分野で自分の中に一晩しゃべれる何かを持つということです。

不思議というのを英語で〈wonder・ワンダー〉と言います。では、不思議がたくさんあって不思議に満ちてることは、なんて言いますか？

〈wonderful・ワンダフル〉。wonderがたくさんあることがwonderfulなんです。

あなたはワンダフルな人だって言われたときに、服の着こなしが上手《うま》いとか高価なものを身につけてるとか、高級車に乗ってるとか、そういうことがワンダフルなのではなくて、ワンダー（不思議）に満ちていることがワンダフルなんです。

その人が、興味に満ちていて、面白い人であること。奥行きの深いものを持っていて、その人の心の奥までなかなか見通せないような深い分野を持っている人が、まさに不思議がいっぱいのワンダフルなんです。それを〝奥深さ〟と言います。

で、６つ目が〈謙虚さ〉。

これは、宇宙が最も好む概念でもあるようです。反対に宇宙が一番嫌う概念は〈驕り、高ぶり、うぬぼれ、傲慢〉というものだそうです。

◎何事も素直に謙虚に受け入れる

魂を磨く上でも〈謙虚さ〉というのはとても大切なものですが、**人の善意や厚意による申し出を１００％受け入れるのも謙虚と言うんですね。**これは簡単なように聞こえるかもしれませんが、それができるようになると、菩薩《ぼさつ》の領域だそうです。

お釈迦さまは、80歳で入滅《にゅうめつ》（高僧が亡くなること）されたんですけど、その数日前に、ある長者が出してくれたキノコ料理を食べて、それにあたって死んだんですね。でも、お釈迦さまは、神通力の持ち主で、すべて見通すことができた人だから、これを食べるとあたって死ぬということを承知の上で手を合わせて「ありがとうございます」と言って食べたんです。

その長者は、お釈迦さまのために、人手と日数をかけて、山に生えるすごくおいしいキノコをとりに行かせたそうです。

でも結局、間違えて毒キノコを持ってきてしまったんですが、長者は、とにかく心を込めてお釈迦さまをもてなしたかった。そういうことをすべてお釈迦さまは、わかっていた。だから、お釈迦さまはその長者の喜ぶ顔を見ながら、食べると死ぬということがわかっていたのに、笑顔で食べたんです。お釈迦さまは、緩慢なる自殺をしたということです。で、三日三晩下痢をし続けて、もう動けない状態になったとき、弟子のアーナンダに「アーナンダよ、悲しんではならない。愛《いと》しいものであっても別れなければならないものである……」ということになったわけです。

死ぬことがわかっていて、この長者の温かさや優しさを傷つけたくないがゆえに笑顔で涅槃《ねはん》に入られた。

お釈迦さまは、すべてを知っていて、それを食べた。どうして？

人の善意や厚意を無にしないことが、仏の心だからです。もちろん、私たちは、お釈迦さまのようには、なかなかいきませんが、すべてを受けとめて「ありがとうございます」って言って、笑顔を見せられるような人になりたいですね。

◎感謝が入り口で、しかも到達点

これは7つ目の心の要素である〈感謝〉にも通じることですが、先日、感謝という概念の大きさを再認識することがありました。

ある方が、自分の父親をどうしても許すことができずに悩んでいました。この苦しみをどうにかしたいと私に相談されたのです。私はその方にこう尋ねました。

「許すことはできないんですね」

「できません」

「好きになることもできないんですね」

「できません」

「ましてや尊敬するなんて絶対できないですよね」

「できません……」

「では、感謝することはできますか？」

そうしたら、その方は、4、5秒黙ってドワーッと1時間ほど泣き通したあとに「感謝することはできます」っておっしゃったんです。私は、次にこう言いました。

「許さなくてもいい、好きにならなくてもいい、ましてや尊敬できなくてもいいのですが、感謝することができるのなら、とりあえずそれをやっていったらどうでしょう。感謝をし続けていくことで、2年、3年経ったときには、許すことができ、さらにそれを続けていくと好きになるかもしれません。そして、数年経ったとき、ついには尊敬できるようになっているかもしれません」と。

もちろん、無理に努力してクリアする必要はないですが、今、感謝をすることができるのなら、それを繰り返していくことで、いつの間にかすべてをクリアすることができるかもしれません。そうすることが、自分にとって一番楽な解決方法だと思います。

感謝という概念は、すごく裾野が広くて大きな存在なんだということが、ここで初めてわかりました。一番はじめの入り口において感謝の気持ちを持って進んでいくと、自然に許すとか、好きになるとかいう状態になって、ついには尊敬できたとします。でも、そこで終わりではなく、その向こうにさらに大きな概念が存在することに気がつくはずです。その概念は何かというと〝感謝〟の概念なんです。

一番はじめの入り口で持っていた概念も〝感謝〟ですが、一番奥の深い感情、究極の概念も〝感謝〟なんですね。これって、宇宙の真実と言えるのではないでしょうか。

愛の究極の形は〝仁〟

例えば、〝仁《じん》〟という漢字は〈人が二人〉と書きます。人二人というのはどういうことかというと、誰かのそばにいてあげるという意味なんです。愛の究極の形というのは〝仁〟の心を持って愛することです。

それは、その人のそばに、ただいてあげるということなのです。何かをしてあげたり、アドバイスしてあげたりするのも通り過ぎる道ではありますが、最終的に至るのは〝仁〟です。

感謝と同じように、愛という概念にも非常に深い奥行きがあるとすると、その入り口の姿も〝仁〟であるように思いますし、行き着く究極の愛の姿も〝仁〟、つまり、そばにいてあげる、ということではないでしょうか。

そばにいてあげる、ということは、必ずしも時間的、距離的にいつも一緒にいるということではなく、精神的にそばにいてあげるということです。それは、いつも心の支えとなっているということであり、究極の愛や感謝の概念であるとともに人間が持っている本来の心の要素だと思うのです。

自分の周りに起きるあらゆる現象に対して、すべて受け入れることができると、あとはもう感謝の気持ちしか出てきません。それが本来、人間に与えられた心の要素のようです。

◎つらい、苦しいと思えることにも感謝できる

本当にすべてのことが感謝の対象であるというのを、さらに詳しく説明します。

「カコヨセテ」という言葉をまず覚えてください。

「勝ち、負け」「幸、不幸」「善《よ》し、悪《あ》し」「成功、失敗」「敵、味方」これらの5つの頭文

字をとると「カ・コ・ヨ・セ・テ」となります。

今まで自分の周りに起きた現象は、全部自分にとって必要なことであって、すべて自分が書いたプログラムどおりであるらしい。

では、自分が書いたスケジュールならば、人生の出来事の中で、何が勝ちで何が負けでとは分けられないでしょう。私が勝手に「勝ち、負け」を決めて、苦しんでいるだけなんですね。

それから「幸、不幸」もない。これも分けることができない。何が幸で、何が不幸だというのは一概に言えないんです。わからないんです。

でも、この話を講演会でしたとき、ある方からこういう相談をされました。

「うちの主人は、会社で人事部長をやっていて、今、会社ではリストラということで、社員を解雇する仕事を役割としてやらされているんだけれども、辞めさせるのは忍びないと言って、毎日とても大変そうなんです。主人を見ていると、不幸や悲劇のどん底にいるみたいで、そうした姿を毎日見ている私もつらいんです」って。

私はこうお答えしました。

「必ずしも、その仕事はイヤな仕事じゃないかもしれないですよ。こう考えたらどうでしょう。能力があって、他の仕事をやらせても絶対に生きていけそうな人だけ選んでリストラの対象にしていく。で、年齢がある程度いっていて、能力が抜きん出ているというよりは人格がすごくマイルドな人を会社に残す、っていう方針にしてはどうでしょうか」

つまり、車は、エンジンと潤滑油とが両方そろってないと動かないわけですけど、エンジンの部分だけを会社に残すと、潤滑油の部分がなくなってしまい、会社は円滑に動かなくなります。

それじゃあ、潤滑油の役割で存在している人だけを会社に残して、能力があってどこに出しても絶対にやっていけるというような人だけをリストラする。でもそれは、リストラではなくて、その人に、最大限に可能性を与えてあげるということかもしれない。

その人は、本来いろんな可能性を持っているにもかかわらず、安穏とした状況にいるために、潜在的に持っている能力が磨かれないのかもしれないでしょう。だから、希望や野心、それに高い能力を持っている人ほど、先に辞めてもらったらどうでしょうか、ということです。

で、ここでリストラしたら他の会社ではやっていけないだろうなと思われる、戦わない、争わない、比べない、というような穏やかな人柄の人っていますよね。その人たちを、全部会社に残したらどうですか、という話をしました。

そしたら、その人事部長の奥さんは、とてもにこやかな顔になって「すごくいい話を聞きました。これはもう早く帰って主人に伝えます。主人もきっと気が楽になると思います」ということで、喜んで帰られたんですね。

例えば、倒産の憂き目にあったとか、リストラを余儀なくされたとか、このことを否定的にとらえるのもひとつの見方ではありますけど、実は、それをきっかけとして今までの自分だったら思いもよらなかった未知の世界に足を踏み入れるチャンスが与えられた、という見方もできますよね。

そしたら、会社が倒産した、リストラ要員にされてしまった、ということも、その人にとって、ものすごくプラスだったということになるんです。

自分の思いどおりにならなかったがゆえに、巡り合わせによってやり始めたことで、結果として大輪の花を咲かせたという人が山ほどいるんです。ですから「幸、不幸」も自分自身がどうとらえるかの問題なんだ、ということになるんですね。

それから「善し、悪し」というのもない。これも実は、世の中には存在しない。自分がそう決めているだけで、宇宙現象として善いこと、悪いこと、というのはどうもないようです。

◎災害や事件などに巻き込まれたら

「災害や事件などに巻き込まれる人たちを見るにつけ、やりきれない思いが生じてきます」と言う人がいます。確かに「大きな震災に遭った人とか、アフリカの子供たちみたいに罪もないのに苦しい思いをしてる人がいるじゃないか」って言いたい気持ちはすごくよくわかります。で、これまで「大きな災害に巻き込まれて亡くなった人は、不幸じゃないのか」って私に言いに来られた方が何人かいました。

その数人に対して、私は全部同じ質問をしたんですね。「じゃあ、あなたは、その被災者を救援するために、いくらかでもお金や物資を提供しましたか」って。

その方々は誰ひとり、一言も答えませんでした。

不幸や悲劇だと決めつけるのは簡単です。でも、それに対して自分は何もしていないのだったら、不幸や悲劇だと認識していないということになりませんか。本人が、そう認識してないのに「不幸や悲劇があるじゃないか」って言いに来るのはおかしいと思います。

私は、こういうふうに見方を変えると楽になりますよ、という提案はいくらでもしたいですし、その人自身が悩み苦しんでいて、そのことについて相談してくるのは、本人の問題だから意味があると思います。

でも、自分の外にある、直接関係のない事件を指し示して「ここに不幸や悲劇があるじゃないか、って言うのは、社会現象を論評しているだけではないですか」というのが私の一義的な答えです。

◎知らないことを論評しない

で、もうひとつの二義的な答えを言いますと、これは現実的な話ですが、先日午前2時に私の机の上の電話が鳴りました。知り合いのある男性からでした。

「自分の同級生が父親を殺した」って言うんです。その電話をもらった日の夕刊にその記事が5、6行載ってました。「○○署はA○歳とB○歳の兄弟を殺人容疑、父親を殺した疑いで緊急逮捕した。父親は、この2人によって包丁で三十数カ所刺されて死亡した。この日は母親の通夜だった」というのが、その5、6行の記事なんです。

その部分だけ読むと、この2人が極悪非道の兄弟のように見えますね。私も電話をもらうまでは、そう思っていました。

しかし、その彼から電話で聞いた話というのは、すごいものだったんです。実は、その息子たちに殺された父親というのは、3年間にわたって、こういうふうに家庭生活を組み立ててきたんです。

自分の妻や子供に対してタバコを買いに行かせたり、ビールや酒を買いに行かせたりするときに「何分後までに戻ってこい」って言っていたそうですね。でも家族がその時間どおりに帰ってこないと、殴る蹴るの乱暴を働いたそうです。奥さんは、そういう生活を30年間ずーっとしてきて、子供たちもビクビクしながら生きてきて、高校卒業と同時に兄弟は家を出てアパート暮らしをしていた。

で、その殺人事件があった2日前の午前2時ぐらいに父親が妻にこういうふうに命じたそうです。「これから缶ビールを買ってこい。何分後までに帰ってこい」と。

その日は、ものすごい土砂降りの雨だったそうです。いつものことながら、早く買いに行かないと、しかも全速力で走っていかないと間に合わないような距離と分数だったそうで、母親はヘルメットもかぶらずに、嵐のような雨の中、50ccのバイクで走り出した。で、猛烈なスピードでスリップして、何かに激突して死んだんだそうです。それで通夜の晩に、家から出ていた長男と次男が帰ってきて、父親を詰問した。「あんたのやり方がひどい。だからお母さんが死んだんじゃないか」って。もちろん、そういう因果関係で死んだわけですよね。

通夜の席、親戚の人が帰ってから当然そういう話になるでしょうね。そしたら父親が「うるさい。生意気を言うんじゃない」って自分から包丁を引っ張り出してきて、2人に斬りかかったそうです。それで兄弟2人がその包丁を取り上げて「あんたなんか、この世にいなければいいんだ」って言って父親を刺してしまった。

で、犯行が発覚する前に警察に電話をして自首したっていう話なんです。私たちは、新聞の5、6行の記事だけ読むと、極悪非道の兄弟のように見えますが、こういう事情を聞いたら、さっきと全然感じが違いますよね。

それで電話をしてきた彼は、2人を弁護するのに国選弁護人に頼むか、それとも、知り合いに優秀な弁護士がいるので、自分たちが資金を募って、その人にお願いした方がいいか、意見を伺いたいという相談をしてきたんです。

「私だったら多分、署名運動をやってお金を集めて、その兄弟を支える方向で動くと思いますけれど」と言ったんですが、その後、実際に署名嘆願運動が広がったそうです。

その父親がどういう人であったか近所の人もみんな知っていて、母親がそういう状態で死んだというのも全部知っていたそうです。当然、裁判官や検察官も全部調査をして知っているだろうということです。

私たちは、何か事件があると、犯罪を起こした人間をつい糾弾してしまいがちですが、その事件について、知らないことやわからないことがほとんどなんですよね。

その小さな5、6行の記事だけ見て「この兄弟はひどい」とか「こんな不幸な事件があるじゃないですか」って言ってしまいますけど、この兄弟の立場になってものを考える人って、あまりいないですよね。

私たちには、一人ひとりの問題についてその状況がわからないんですから、事件を論評して解説するというのは、無意味なのではないでしょうか。

ひどいと〝私〟が思う事件があったときに、私たちができることはただひとつ。それは「私は、絶対そういうことをしない」って決意をすること。そういう社会現象を見せられたとき、〝私〟がそれをどうとらえるか、自分が何をするのか、であって、その現象を批判、論評することではないんです。

そのことが〝私〟へのテーマとして常に問いかけられているのであって、〈起きている現象はすべて神の承認がある〉ということが私の宇宙論的結論です。

◎「成功、失敗」というのは存在しない

「成功、失敗」というのもありません。何が成功で、何が失敗で、というのは魂のレベルで見ると、ないみたいです。

魂を磨くためには倒産した方がよい、というプログラムを書いてきているのだったら、何をしても必ず倒産するようになっています。だから、倒産が悪いことではないし、事業が立ちゆかなくなって、一般的に言う〝失敗〟だったとしても、それでいいみたいです。

ただ、その現実を突きつけられたときに、決して宇宙を呪わないこと。

そして、その次に与えられた段階で、弱音を吐かずに一所懸命やっていって、それがまたダメになったとしても、投げ出さずに〈五戒〉を口にしないでやっていくこと。

多分、私たちの人生って、それの繰り返しなんですよ。そのときに「よくこんな状況で

も、投げ出さずに、頭に来ずに、誠実に生きてきたなあ」って、どうもそういうことを問われているようです。

だから、大きくなればなるほど、より大きくならせるための試練が必ずあるみたいです。〝命〟という漢字は、面白いことに〈人は一回叩《たた》かれる〉って書いてあります。命を頂いてる人は、必ず一回は叩かれますよ、ということです。

でもその結果として、魂が鍛えられるんだ、ということを教えてくれてるのではないでしょうか。

楽しんでいればサポートされる

そして最後にもうひとつ。「敵、味方」というのも存在しない。

「私」が、この人を敵だと思ったら敵なんですけど、実は、人は生まれてから死ぬまで、弾丸のように一直線で飛んでいきます。

で、線の右側と左側に人が配置されていて、右側の人は、「私」が落ち込んだり、萎縮したりしないように温かい言葉を投げかけてくださる人であり、左側の人は、「私」が天《てん》狗《ぐ》になったり、傲慢に振る舞ったりしないように、冷たく厳しい言葉を投げかけてくださる方です。

それらの人たちが、人生上において、人数あるいはエネルギー的に半分半分、50％50％、タイミングよく現れるようになっています。

そういう意味で、**私につらく厳しい言葉を言ってくださる方は、決して敵ではありません。**これは、全部自分が生まれる前に自分を一番効率よく成長させるために、関わり合うあらゆる人間関係を見通して、それぞれの魂にお願いをしてきたことです。

だから、敵も味方もありません。自分が書いてきたシナリオのとおりにそういう役割の方が、その都度用意され配置されているということです。

この「カコヨセテ」とは〝過去〟（過去に起きたこと、存在した人・もの・現象）を否定して向こうに押しやるのではなく、大事なものとして、こちらに引き寄せ抱きしめることだと思ってください。

つまり、すべての過去を受け入れる。

今現在、とり囲まれている状況をすべて受け入れる。そして未来のことも全部受け入れる。そうやって、**受け入れて感謝に変わった瞬間に、宇宙全部があなたを全面的にサポー**

トする方向で動き出します。

なぜならば、あなた自身が宇宙そのものだからです。あなた自身が宇宙現象の中の一部であって、それ以外の何者でもない。

〝私〟という宇宙が、すべてを決めているのなら、起きてくる現象をただ楽しむだけの自分でいるとき、そこには一番大きな味方がいつもいてくれていることを知るでしょう。

解説
見方道の歩き方

正観塾《せいかんじゅく》師範代　高島《たかしま》亮《りょう》

晴れの日は洗濯物がよく乾くから嬉しいと言う人がいます。晴れると日に焼けるからイヤだと言う人もいます。同じ晴れでも、「嬉しい」にも「イヤだ」にもなります。雨の日は濡れるから嫌いと言う人がいます。雨が降ると作物がよく育つからありがたいと言う人もいます。同じ雨でも、「嫌い」にも「ありがたい」にもなります。人によって感じ方はいろいろということですが、その違いを生んでいるのは「ものの見方」であると見抜いたのが、小林正観さんでした。

正観さんは、さまざまな現象や事象を観察、研究していく中で、「幸も不幸も存在しない。そう思う心があるだけ」と考えるようになります。「現象は空《くう》、ゼロであり中立。それ自体には意味はない。自分が意味づけ、色づけをしているだけ」というしくみに気づいたのです。

　現象や出来事に意味はないと言われても、にわかには受け入れられない人も多いかもしれません。でも、天気の例でもわかるように、天気自体には晴れや雨という状態（事実）はありますが、決まった意味はありません。「洗濯物が乾くから」「日に焼けるから」「濡れるから」「作物が育つから」という理由（意味）をつけて、「嬉しい」「イヤだ」「ありがたい」「嫌い」という感じ方をしているだけです。

「ものの見方」というのは、現象に対する意味のつけ方のこと。事実をどう解釈するか、その仕方と言ってもいいでしょう。

　人の感じ方は意味のつけ方や解釈の仕方に影響を受けますから、**ものの見方は人生を大きく左右するものである**ことがわかります。技術や方法の域にとどまらず、生き方にも関わってくる大事なものなのです。

　正観さんはその意味を込めて「見方道」と称したのではないかと思います。

「現象は空、自分の見方が色をつける」という見方道の基本がわかると、いろいろな色づけが可能になります。たとえば、「カコヨセテ」（215ページ）の「テ」は「敵、味方」ですが、現象や人それ自体には敵も味方もありません。敵と見る自分、味方と見る自分がいるだけです。宇宙を敵に回すのも宇宙を味方にするのも、自分の見方次第。どんな見方をするかは、自由（自《みず》らに由《よ》る）です。

見方道を学ぶことで、見方が広がり、見方を変えることも可能になります。悩みや苦しみを生むのも見方なら、喜びや楽しみを生むのも見方。楽に、楽しく、幸せに生きることができる見方を学ぶことは、大きな味方になることでしょう。

見方道は、正観さんの言葉にもあるとおり、一生涯をかけて学ぶ価値のあるものであると同時に、一生涯をかけて実践する価値のあるものでもあると思います。学ぶことももちろん大事ですが、毎日の生活の中で使って生かしてこそ、真に価値あるものになるのではないでしょうか。

「五戒（不平不満、愚痴、泣き言、悪口、文句）」を言わず、「う・た・し（うれしい、たのしい、しあわせ）」と喜び、「ありがとう」と感謝をする。起きる出来事や関わる人を受け入れることができるほど、楽に生きられるようになるはずです。

日々の中で実践することが見方道という道を歩くことであり、それは人生という道を豊かなものにすることにもつながります。見方道を学んで、「いい見方が見つかったどー」と思えたら、実践の道を歩いてみてはいかがでしょう。

[著者紹介]

小林正観 こばやし・せいかん

1948年東京生まれ。中央大学法学部卒。
作家、心学研究家、コンセプター、
デザイナー、SKPブランドオーナー。

学生時代から人間の潜在能力やESP現象、超常現象などに興味を抱き、独自の研究を続ける。年に約300回の講演依頼があり、全国を回る生活を続けていた。
2011年10月12日永眠。

著書に、「未来の智恵」シリーズ(弘園社)、「笑顔と元気の玉手箱」シリーズ(宝来社)、『淡々と生きる』(風雲舎)、『宇宙が応援する生き方』(致知出版社)、『喜ばれる』(講談社)、『人生は4つの「おつきあい」』(サンマーク出版)、『運命好転十二条』(三笠書房)、『努力ゼロの幸福論』(大和書房)、『みんなが味方になるすごい秘密』(KADOKAWA)、『ありがとうの神様』(ダイヤモンド社)、『しあわせの宇宙構造』(廣済堂出版)、『心を軽くする言葉』『脱力のすすめ』『なぜ、神さまを信じる人は幸せなのか?』『こころの遊歩道』『生きる大事・死ぬ大事』『宇宙を解説 百言葉』(イースト・プレス)、『魅力的な人々の共通項』『で、何が問題なんですか?』(清談社Publico)など多数。

[お問い合わせ]

現在は、正観塾師範代 高島亮さんによる「正観塾」をはじめ茶話会、読書会、合宿など全国各地で正観さん仲間の楽しく笑顔あふれる集まりがあります。詳しくはSKPのホームページをご覧ください。

SKP　045-412-1685
小林正観さん公式ホームページ　http://www.skp358.com/

本書は2003年に株式会社弘園社より出版された
『宇宙が味方の見方道』を再編集したものです。

宇宙《うちゅう》が味方《みかた》の見方道《みかたどう》

こんなふうにとらえると楽《らく》になる9つの方法論《ほうほうろん》

2021年9月28日　第1刷発行

著　者　小林正観《こばやしせいかん》

ブックデザイン　福田和雄（FUKUDA DESIGN）
本文DTP　友坂依彦

協　力　高島 亮

発行人　畑 祐介
発行所　株式会社 清談社Publico
〒160-0021
東京都新宿区歌舞伎町2-46-8 新宿日章ビル4F
TEL：03-6302-1740　FAX：03-6892-1417

印刷所　中央精版印刷株式会社

ISBN 978-4-909979-21-6 C0030

清談社
Publico

http://seidansha.com/publico
Twitter @seidansha_p
Facebook http://www.facebook.com/seidansha.publico